Andrea Thiele

Ein Jahr in der Toskana

Für meine Eltern
und
für Seba

Andrea Thiele

Ein Jahr in der Toskana

Reise in den Alltag

HERDER

FREIBURG · BASEL · WIEN

Gedruckt auf umweltfreundlichem,
chlorfrei gebleichtem Papier

Originalausgabe

www.herder.de
Satz: Dtp-Satzservice Peter Huber, Freiburg
Herstellung: CPI Moravia Books, Pohorelice 2007
Umschlaggestaltung und Konzeption:
R·M·E München/Roland Eschlbeck, Liana Tuchel
ISBN 978-3-451-05729-8

Inhalt

September

Die Leichtigkeit des Seins

33 Grad, meine Haare flattern im Wind, eine Brise kühlt mein Gesicht. Einen eigenen Helm habe ich noch nicht. „*Non importa*, macht nichts“, ruft Giulio, „uns wird schon keiner erwischen.“ Eine Böe pfeift unter meinen Leinenrock und lässt ihn tanzen. Die Zehen, die aus den Ledersandalen lugen, freuen sich über den kühlenden Fahrtwind. Frei wie ein Vogel fühle ich mich, durch die Lüfte schwebend. Nie hätte ich gedacht, dass mich eine Fahrt auf dem Motorroller so glücklich machen könnte. Ich schlinge meine Arme um Giulio, der das Zweirad elegant durch die toskanischen Hügel steuert.

Aufgereiht wie an einer Kette ziehen die Zypressen vor meinen Augen vorüber, knorrige Olivenbäume veranstalten Schattenspiele, hier und da krönt ein erdfarbenes Landhaus einen Hügel. Die Nachmittagssonne taucht alles in ein sattes Rosarot, eine Farbe, die nur das Licht des Südens malt. So unwirklich, als hätte sie ein Künstler erdacht. Jedes Mal wieder hüpft mein Herz vor Entzücken, wenn ich diese Landschaft erblicke. Ganz besonders heute, wo ich zu *meinem* Häuschen in der Toskana fahre.

Wie so viele Male zuvor habe ich mich in Lübeck ins Flugzeug gesetzt, eine Stunde und vierzig Minuten später in Pisa italienischen Boden betreten und dort den Zug nach Florenz bestiegen. Mit einem Unterschied: Diesmal bleibe ich!

„Auswandern, weißt du eigentlich, was das bedeutet?“, hatten mir meine Freundinnen ins Gewissen geredet. „Ein Leben ohne Familie, ohne uns, deine uralten Freunde, an einem Ort, wo keiner deine Sprache spricht …“ Ich hatte mit der Schulter gezuckt. Ich war verliebt: in die Toskana. Seit langer Zeit, seit einem Urlaub vor fünfzehn Jahren. In Florenz hatte es mich erwischt: Ich kostete vom süßen italienischen Leben, spürte die ungeheure Lebenslust, diese Sonne, die so süchtig macht, weil sie täglich den Körper und die Seele streichelt. Ich inhalierte den Geist der Kunst, die grenzenlose Kreativität, die in Florenz in jedem Stein der Altstadt lebt ...

Jedes Jahr kehrte ich zurück; vielleicht suchte ich „ihn". Im vergangenen Jahr fand ich ihn: Giulio, kaum größer als ich, drahtig, wache blaue Augen, dunkle volle Mähne und immer ein verschmitztes Lächeln auf den Lippen. Ein Lebenskünstler, der trotz seiner drei Jobs jeden Augenblick lebt, als sei es der letzte, und der täglich aufs Neue genug Muße findet, mich mit Haut und Haaren zu lieben.

Bis zur letzten Minute konnte er nicht glauben, dass ich kommen und bleiben würde. Immer wieder hatte auch er mich gewarnt: „*La vita italiana non è solo dolce*, sondern das Leben ist hier vor allem *dura*, verdammt hart." Was soll's, das ist mein Leben als freie Journalistin auch in Deutschland. Aber wenn schon hart, dann wenigstens da, wo die Sonne scheint, wo ich geliebt werde, und wo ich schon immer leben wollte: in Florenz.

Der deutsche Sommer neigte sich dem Ende zu, und ich brach in meine neue Heimat auf. Ohne es zu wissen, folgte ich bereits dem italienischen Rhythmus, denn auch die Italiener kehren im September heim – aus den Bergen und von der kühlenden See zurück in ihre Stadt. Sie bevölkern die verwaisten Plätze, Parks und Paläste, öffnen ihre Läden, schreiben sich an Universitäten und zu Sportkursen ein, sperren die Tore ihrer Schulen und Kindergärten wieder auf und beginnen ihr Alltagsleben von Neuem – jeden September.

An einer sandfarbenen Dorfkirche biegen wir in die Straße mit dem verheißungsvollen Namen *Via San Felice a Ema*, den „Weg des Heiligen Glücks an der Ema". Eine alte

Steinmauer entlang, rechts in eine Toreinfahrt. Da steht mein Häuschen. Es ist gemietet, aber doch meins, weil ich es sofort im Herzen adoptiert habe, als Giulio es mir vor drei Monaten das erste Mal zeigte: eine *limonaia*, ein über hundert Jahre altes Gewächshaus für Zitronen, mitten in einem verwilderten Park. Kletterrosen umranken seine Steinmauern. Eine hüfthohe Rosmarinhecke führt zur komplett verglasten Westfront des Häuschens. Durch die haushohen Fenster fällt das milde Abendlicht in die zwei Zimmer. Alles in allem sechzig Quadratmeter: mein neues Reich, zumindest für die nächsten sechs Monate. So lange wollen wir testen, was aus einer anregenden Distanzbeziehung wird, wenn man die Entfernung von fünfzehnhundert Kilometer auf sieben verkürzt. So weit liegt Giulios Einzimmerwohnung im Zentrum entfernt.

Ich reiße die Glastüren auf, lasse meinen Rucksack auf die klobigen Terracottafliesen plumpsen und mich auf das Sofa vor dem Kamin. Giulio zieht eine Flasche Chianti aus seiner Tasche, kramt in der Küche nach einem Korkenzieher und kommt mit zwei Gläsern zurück.

„*Benvenuta in Italia*", sagt er und prostet mir zu.

„Lass uns den Wein in der Abendsonne trinken", schlage ich vor und trage zwei Holzstühle aus der Küche vors Haus. Giulio folgt mir mit dem Bauerntisch auf die Wiese, in den Schatten eines Olivenbaumes. Wie praktisch, dass in Italien fast alle Wohnungen möbliert vermietet werden. Mein Vermieter hat dabei Geschmack bewiesen. Neben dem nagelneuen, weißen Ausklappsofa ist die *limonaia* nur mit antikem Holz ausgestattet: vom Bett über den Schrank bis zur Kommode. Historische Lithographien zieren die gekalkten Wände und geben allem einen Touch von Ferienwohnung.

Die Häkeldeckchen in der Küche, die Kristallvasen und Plastikblumen auf dem Kamin werde ich allerdings für die Zeit meines Aufenthalts einmotten. Sind erst meine Kisten da, ersetze ich die geblümten Porzellantassen durch meine schlichten Ikeabecher. Der Hamburger Wasserkocher, die Thermoskanne und das Teesieb werden mit der örtlichen Mokkamaschine in der Küche die deutsch-italienische Freundschaft bezeugen. Die Ecke zwischen Kamin und Badezimmer werde ich zum Büro ernennen, dort werde ich mit Blick über silbergrüne Olivenhaine, Weinberge und Pferdekoppeln meine Reportagen tippen. Bis die Spedition anklopft, habe ich allerdings noch Schonfrist, mache Urlaub und stimme mich auf das italienische Leben ein.

Violett blüht der wilde Thymian auf der Wiese, die ich ab heute meinen Garten nenne. Bei jeder Berührung mit dem Schuh verströmen die Blüten ihren Duft. Ich schlüpfe aus meinen Sandalen, schleudere sie Richtung Häuschen. Drinnen blubbert im Topf die *pasta*. Mit meinem Weinglas in der Hand zupfe ich ein paar Salbeiblätter von dem Busch neben der *limonaia*. Etwas Öl dazu und fertig ist unser Abendessen unterm Olivenbaum. Für den Nachtisch pflückt Giulio ein paar Birnen. Ob der Baum noch zu meinem Garten gehört? Irgendwo wird er wohl enden, auch wenn kein Zaun eine Grenze markiert. Von Giulio weiß ich, dass auf dem riesigen Anwesen noch andere Personen wohnen.

Niemand ist zu sehen. Nur die Wäsche, die zwischen zwei Bäumen auf einer Leine hängt, zeugt von der Präsenz meiner Nachbarn. Ein paar Meter weiter steht zwischen den Olivenbäumen ein Verschlag mit Gerätschaften. Wohnhäuser sind nicht in Sichtweite. Allerdings führt ein Trampelpfad von der Wäscheleine zu einem Kiesplatz, auf dem fünf Autos parken. Das Land dahinter schützt eine Reihe gigantischer Zypressen vor neugierigen Blicken.

„Wo wohnt eigentlich mein Vermieter?“, frage ich Giulio, der mir meine Bleibe auf italienische Art über Beziehungen organisiert hat.

„*Lassù*, dort oben“ sagt er, und zeigt in Richtung des Parkplatzes. Hinter den Zypressen erahne ich auf einem Hügel eine Villa.

„*Vuoi fare un giro?*“, will Giulio wissen. Klar will ich einen Rundgang machen. Er greift meine Hand und steuert mich erst mal auf der anderen Seite den Hügel hinab. Weinreben klettern über die knorrigen Olivenbäume. Dazwischen Gras und Wildblumen. Wilde Rosenbüsche begrenzen am Fuß des Hügels das Grundstück. Aus den dichten Ranken lugt ein marmorner Pferdekopf hervor, ein Stück weiter eine lebensgroße Venus, und auf der Wiese ragen sechs Marmorsäulen in den Himmel. Neben einem Brunnen ruht mitten in der Natur eine steinerne Badewanne. Surreal, wie die Kulisse eines Fellini-Films.

„Bis in die Siebziger lebte hier ein verrückter Philosoph, der diesen Park zum Lustwandeln anlegen ließ“, sagt Giulio, als er meine überraschten Blicke sieht, „noch in der Nacht seines Todes klauten Unbekannte die wertvollsten Skulpturen, der Rest überwucherte mit der Zeit. Die heutige Besitzerin erbte das Anwesen. Sie ist Kunsthistorikerin, ihr Sohn Filmemacher. Ich glaube, beide finden ihren verwilderten Garten todschick.“

„Woher kennst du sie?“

„Über Freunde, ich hab mal einen Job für die gemacht …“

Staunend schlendere ich mit Giulio weiter durchs Tal, in dem die *Ema* plätschert. Nach einigen Metern führt der Pfad den Hügel hinauf. Oben thront das barocke Landgut. Wir klettern den steilen Abhang hoch, passieren ein kleines Haus, einen alten Speicher, eine Wirtschaftshütte – allesamt bewohnt – und stehen vor dem Prunkbau. Sandgelb, verschachtelt mit diversen Eingängen, Terrassen und Fenstern. Davor parken unter drei knorrigen Linden mehrere Autos. Ein Trampelpfad führt zu einer hölzernen Tür an der Seitenwand. Giulio klopft. Wir warten. Er klopft noch einmal.

Die Tür öffnet sich, vor uns steht ein Typ, kaum älter als wir, lange schwarze Lockenmähne, blaues T-Shirt, zerschlissene Jeans, durchlöcherte Turnschuhe. Das soll mein Vermieter sein? Der Filmemacher? Der Sohn der Villenbesitzerin?

„*Entrate,* kommt rein", sagt er vergnügt, „es ist ein wenig unordentlich. Meine Frau ist mir grad abgehauen. *Prendete un caffè,* möchtet ihr einen Kaffee?"

„*No, grazie*", antwortet Giulio und bleibt im Eingang stehen, „ich wollte dir nur deine neue Mieterin vorstellen."

„*Piacere,* erfreut, ich bin *Massimiliano*", sagt er und reicht mir die Hand. Unsere Blicke treffen sich und bleiben einige Sekunden aneinander hängen. Seine Augen funkeln, ein zweideutiges Grinsen, als wolle er seine durchgebrannte Ehefrau im Handumdrehen durch mich ersetzen.

Giulio greift meine Hand: „Wir haben es eilig."

„*Bene*", erwidert mein Vermieter, „falls was ist, wisst ihr ja, wo ihr mich findet." Als hätte man ihn beim Klauen ertappt, schaut er unsicher zu Boden, dann noch mal zu mir. „Fühl dich hier wie zu Hause. Der große Garten ist für uns alle da. Zwölf Familien wohnen hier. Mit dir dreizehn." Er zwinkert mir zu.

„Unverschämtheit, den bringe ich um", schimpft Giulio, als wir wieder vor der Tür stehen, „so was macht man nicht, wenn der Freund dabei ist."

„Was?"

„Du hast doch genau gesehen, wie der dich angegafft hat."

„Der fand mich eben nett", versuche ich ihn zu beruhigen.

„Nimm diesen Schürzenjäger noch in Schutz", schnauft Giulio, schleudert meine Hand weg und eilt voraus. Ein paar Stufen runter, über eine Terrasse, an den Zypressen vorbei, zu meinem Haus.

Glücklicherweise ist das Feuer der Eifersucht am nächsten Morgen erloschen, und jede Ambition auf ein Ehrenduell ebenfalls. Der Italiener lebt eben nicht im Gestern, sondern im Augenblick. Und jetzt geht's um die praktischen Dinge des Lebens. Mein Kühlschrank muss gefüllt werden. Ich brauche Gewürze, Klopapier und Putzzeug, ich will eine Bank, Post, Apotheke und einen Supermarkt auftun und meine Nachbarschaft erkunden.

Wir schlendern die *Via San Felice a Ema* hinunter zur Kirche und suchen eine Bushaltestelle. Die ist nicht mehr als ein Straßenpfeiler mit der orangefarbenen Nummer 37. Kein Häuschen, kein Schild, kein Fahrplan. Vor allem weit und breit kein Laden, an dem das große blaue „T" prangt. Das heißt zwar *tabaccaio*, Tabakladen, aber für mich steht das blaue „T" für Ticket, denn die Busfahrscheine gibt es in Florenz nur im Tabakladen. Nicht im Bus.

Giulio zieht mich an der Hand auf die andere Straßenseite.

„Wo willst du hin?"

„Tickets kaufen, in der *Casa del popolo*".

Im Bürgerverein? Wo sich Jugendliche, alte und arbeitslose Männer ihre Langeweile vertreiben? Frauen sind dort selten zu sehen, denn die plagt das Nichtstun kaum: Sie haben ja ihren Haushalt.

Tatsächlich stehen am langen roten Tresen jede Menge Männer aller Altergruppen. An den Wänden hängen Fußballposter, aus dem Fernseher sind Sportnachrichten zu hören, zwischen Daddelautomaten steht ein Billardtisch. Geschlossen dreht sich die Mannschaft um und starrt mich an. Sollte diese merkwürdige, immer wieder auftauchende Reaktion durch meine rotblonden Haaren hervorgerufen werden? Liegt es an den blauen Augen? Den slawisch breiten Wangenknochen? Ein nordischer Einschlag übt auf die Augen der Florentiner Männer einfach eine magische Anziehungskraft aus. Nicht ganz unschuldig daran mag das Vorurteil sein, dass Nordeuropäerinnen leicht zu haben sind.

Wir kaufen *biglietti dell' autobus* und fahren mit dem Bus zwei Stationen bis zur Piazza von *Galluzzo*. Blumen, Büsche und ein Obelisk zieren den Platz. Drumherum findet sich alles, was ein italienisches Hausfrauenherz erfreut: ein Fischgeschäft, ein Bäcker, Schuster und ein Haushaltswarenhöker. Marktstände ergänzen das Angebot mit Nähmaschinen und Nachthemden, Schuhen und Seife, Tomaten und Tortellini. Einer der Marktwagen ist unter lauter Plastikobjekten kaum mehr zu erkennen: Putzeimer, Zitronenpressen, Wäschespinnen, Nudelsiebe baumeln an allen Seiten. Ich kaufe einen Besen, Putzzeug und eine Fußmatte.

Am nächsten *banco,* Marktstand, türmen sich Artischocken und Auberginen zu brusthohen Pyramiden. Aus einem Bastkorb leuchten feuerrote Bohnenschoten mit weißen Flecken. Drei fußballgroße Kürbisse bilden eine farbliche Grenze zum Kohl, der nach Sorten geordnet ist: elf Grüppchen. Von so vielen Kohlsorten hätte ich nicht mal geträumt. Da ist der bittere *cavolo nero,* der salatähnliche *cavolo riccio* oder der wassergrüne *cavolo marino,* der nur gekocht schmeckt und voller Mineralien steckt. Alle kunstvoll gestapelt, als würde die Marktfrau im nächsten Moment einen Werbefotografen erwarten.

Am liebsten würde ich von allem etwas nehmen. Aber ich beschließe, mich Schritt für Schritt durch das einheimische Grünzeug zu testen und mir täglich nur ein kulinarisches Experiment vorzunehmen. Heute probiere ich die roten Feigenkaktusfrüchte, die nur im September zu haben sind. In Hamburg hätte ich stattdessen ein Kilo Äpfel erstanden, hier decke ich mich mit fünf Sorten Oliven, *pecorino*-Schafskäse, einem Kilo Flaschentomaten und zwei Bündeln Basilikum ein.

Giulio nimmt mir eine Plastiktüte nach der anderen ab.

„Ich kann auch was tragen“, protestiere ich.

„No, sei una donna“, erwidert er, „nein, du bist eine Frau.“

„Ja, und? Die können ihren Einkauf nicht selber tragen?“

„Certo, aber nicht, solange ich dabei bin. Das gehört sich nicht.“

Tatsächlich, wer in Begleitung eines Mannes shoppt, trägt nichts, nicht mal die eigene Handtasche. Italienische Ehemänner und Söhne nehmen ihren Frauen alles ab. Welcher deutsche Mann würde je auf so eine Idee kommen? Und welche deutsche Frau würde sie annehmen? Ich zumindest komme mir recht seltsam vor, so taschenlos, mit einem Packesel an meiner Seite. Vor allem irritiert mich der Anblick der Hausfrauen, die ihre täglichen Einkäufe für die Großfamilie allein tätigen, denn denen hilft niemand mit ihren Bergen von Taschen. Aber das scheint kein Problem zu sein, solange der Ehemann es nicht mit anschauen muss.

„*Ciao Giulio*", ruft eine Frauenstimme, „was machst du hier?"

Eine lockige Brünette stürzt auf meinen Freund zu, umarmt ihn und drückt ihm Küsse auf die Wangen. Kaum haben sich ihre Lippen von ihm gelöst, schnattert sie los, ihre Hände fliegen rhythmisch in die Luft, sie lacht, erzählt, klopft Giulio auf die Schulter. Als sie nach einer Weile Luft holt, nutzt Giulio die Gelegenheit, um mich vorzustellen. Sofort prasseln auch auf mich die Küsse und Geschichten nieder. Bei der Geschwindigkeit verstehe ich nur so viel, dass Marzia die Ehefrau von Giulios bestem Freund Roberto ist, der, soweit ich weiß, seit einigen Monaten in Rom lebt und dort für die Entwicklungshilfe arbeitet. Längst wollte sie ihrem Mann in die Hauptstadt gefolgt sein, aber Marzia findet dort keinen Job, der vergleichbar mit ihrem jetzigen in der Florentiner Umweltbehörde ist. Deshalb wohnt sie noch hier und hat aus Kostengründen ein Zimmer der ehelichen Wohnung an eine Studentin vermietet.

„*Ci vediamo.* Bis bald", verkündet sie urplötzlich, drückt mich, drückt Giulio und ist davon.

Mit einem Mal wird mir klar, dass ich nicht einen von Giulios Freunden persönlich kenne, nicht mal seine Geschwister oder seine Eltern. Aus Erzählungen sind sie mir längst bekannt, aber tatsächlich bin ich ihnen nie begegnet. Zu sehr haben wir uns in einer Liebesblase treiben lassen. Ein Wochenende im Monat ist eben nicht viel Zeit. Die wollten wir komplett für uns. Was interessierten da die anderen? Aber jetzt spielt sich mein Alltag hier ab.

„*Domani*, morgen holen wir deinen Motorroller ab", meint Giulio.

„Was für einen Motorroller?"

„*Non hai capito*? Marzia hat dir gerade ihr *motorino* geschenkt!"

„Nein, das glaube ich nicht."

„*Si*, sie sagt, du kannst hier draußen unmöglich ohne fahrbaren Untersatz leben. Die Busse fahren nur bis 21.30 Uhr. Wie willst du Freunde treffen, ins Kino gehen?"

„Ja, aber, ... so ein Geschenk kann ich nicht annehmen."

„Warum nicht? Sie will das alte Ding loswerden. In der Altstadt kann sie nichts damit anfangen. Bei den vielen Fußgängerzonen, Sperrzeiten und den Parkplatzproblemen. Sie fährt lieber Fahrrad."

Wer einen Motorroller besitzt, sollte auch wissen, wie man so ein Gefährt bedient. Also müssen Fahrstunden her. Giulio macht nicht viele Worte, wie jeder Italiener hat er das *motorino*-Fahren gleich nach dem Laufen erlernt. In drei Sätzen erklärt er mir, wo Gas, Bremse, Blinker und Hupe sind und schickt mich los. Einmal über den Parkplatz des Fußballstadions.

Ich drehe am Gasgriff. Nichts. Ich drehe weiter. Plötzlich schießt die Maschine los wie ein wildgewordener Hengst. Das Vorderrad hebt ab, vor Schreck lasse ich los, das Rad knallt runter. Wo ist die Bremse? Ich greife zu. Das Ding steht mit einem Satz. Mein Oberkörper schießt wie ein Pfeil vorneüber. Mein Herz pocht bis unters Kinn. Giulio biegt sich vor Lachen.

In meinem Führerschein steht zwar, dass ich „Krafträder mit einem Hubraum von nicht mehr als 50 cm^2" steuern darf, aber mir erscheint das eine Wahnsinnsidee. Haben womöglich alle Italiener ihr Fahrhandwerk auf gleiche Weise von Freunden erlernt? Giulio nickt. Der vierzehnte Geburtstag langte bis vor kurzem als Fahrerlaubnis.

„All die, die hier seit Jahren, Jahrzehnten 50er fahren, haben nie Verkehrsregeln gelernt? Ihre Fahrtauglichkeit wurde nie geprüft?"

„Warum denn?! Früher gab's nicht mal Nummernschilder für die *motorini*. Das Fahren ist doch ein Kinderspiel", sagt Giulio. Zum Beweis platziert er mich auf dem Rücksitz, und wir drehen eine Runde über den Platz. Sofort ist da wieder dieses Gefühl von Freiheit und Leichtigkeit. Ich komme mir vor wie Audrey Hepburn in „Ein Herz und eine Krone". Was wäre Italien ohne seine *Vespa*?

Tatsächlich ist mein Zweirad aber gar keine *Vespa*, sondern ein *Beta Tempo*. Kein viel verheißender Name, im Gegensatz zu seinen Artgenossen *Free* und *Liberty*, wo das Fahrgefühl gleich im Namen mitverkauft wird.

Nach einer Stunde ziehe auch ich Kreise über den Platz, halte, fahre an, bocke auf und verkünde: „Jetzt weiß ich, wie's geht!"

„*Bene*. Dann kannst du ja jetzt raus auf die Straße?"

Ungläubig schaue ich auf die vierspurige *viale*. Da herrscht Anarchie. Zu dritt oder viert brettern die Autos und Zweiräder nebeneinander über ihre zwei Spuren. Selbst in die kleinste Lücke stößt ein Fahrzeug. Jeder Zentimeter wird genutzt. Eilige überholen trotz Doppelstriches auf der Gegenfahrbahn. Ein Kleintransporter parkt in dritter Reihe. Ein Radfahrer rollt bedächtig auf der falschen Seite gegen den Strom. Mittendrin stehen zwei ältere Frauen auf dem Asphalt, die auf halber Strecke Halt gemacht haben und nun den neusten Tratsch austauschen. Der Verkehr fließt um sie herum, als seien die beiden eine zementierte Verkehrsinsel. Regeln scheint es nicht zu geben, die Schilder für Park- oder Abbiegeverbote wirken wie reine Dekoration. Und da soll ich hinein?

Was bleibt mir anderes übrig? Kaum auf der *viale,* zischen sämtliche Verkehrsteilnehmer an mir vorbei. Kein Wunder, denn ich traue mich nicht, schneller als 25 Stundenkilometer zu fahren, und damit bin ich das Verkehrshindernis schlechthin. Im Rückspiegel sehe ich Schwärme von Zweirädern heranrauschen. Gekonnt schlängeln sie sich zwischen den Autos hindurch, überholen rechts und links, auch mich, oft haarscharf. Mit angehaltenem Atem fahre ich vorsichtig in eine scharfe Kurve, die Augen starr auf den Straßenrand gerichtet. Da winkt schon Giulio. Er erklärt meine Feuertaufe als bestanden; mein Stil sei allerdings noch verbesserungswürdig.

Am nächsten Tag parke ich meinen Roller am alten Stadttor, der gigantischen *Porta Romana*: Hoch wie ein Mehrfamilienhaus wurde sie im Jahre 1327 aus monströsen Steinblöcken erbaut. Ihre dicken Eichentore können nur ein Dutzend Männer gemeinsam bewegen. Auch innerhalb der Stadtmauer ist alles alt: Paläste und Plätze, Kirchen und Klöster, Skulpturen und Brunnen aus den letzten sieben-, achthundert Jahren füllen die acht Quadratkilometer große Altstadt. Auf jedem Meter spüre ich die Pracht, die Florenz einmal ausstrahlte, als es im Spätmittelalter die reichste Stadt Europas war.

Ich marschiere die *Via dei Serragli,* die *Stallgasse,* runter. Wie so oft verrät der Name die historische Bedeutung der Straße. Im Mittelalter wurden hier die Pferde der Anreisenden untergestellt, versorgt und gefüttert. Viele der Gebäude aus dem 14. Jahrhundert stehen noch. Nur dass in die alten Pferdeställe längst Metallwarenhändler, Gemüsehöker, Frisöre und andere *negozi* eingezogen sind.

In fünf Minuten müsste ich bei Giulios Schwester Anna vor der Tür stehen. Sie hat mich zum Kennenlernabendessen eingeladen. Aufgeregt laufe ich die Straße hoch und runter, finde aber die Hausnummer 86 nicht. Das kann doch nicht sein: Nach der Nummer 64 folgt sofort die 102. Und dazwischen nichts!

„Mi scusi, dov' è il numero 86?“, frage ich eine ältere Dame.

„Nero o rosso?“, will sie wissen.

„Rot der Schwarz?“

„Si, in jeder Straße gibt es eine rote Nummer eins und eine schwarze Nummer eins, und so weiter ...“, erklärt sie freundlich.

Tatsächlich, die 64, vor der ich stehe, ist in roter Farbe auf eine weiße Marmorfliese gemalt, die 102 schwarz auf grauem Grund. Aber wo wohnt nun Anna? In der roten 86 oder in der schwarzen?

Mein Handy klingelt. „*Dove sei?* Wo bist du?“, höre ich Giulio. Mit dem Handy lotst er mich zur schwarzen 86.

„Florenz ist die einzige Stadt, in der es rote und schwarze Hausnummern gibt“, höre ich eine Mädchenstimme. Dürr, lange dunkle Haare, azurblauer Lidschatten, mohnrote Lippen, vielleicht zwölf Jahre alt, steht sie neben Giulio und streckt mir ihre dünne Hand mit lackierten Nägeln entgegen.

„Das ist Sara“, erklärt Giulio, „Annas Tochter, sie wollte dich unbedingt begrüßen.“ Das Mädchen schnappt meinen Arm, zieht mich hinter sich her den Gang entlang und hält mir musterschülerinnenhaft einen Vortrag. „Bis ins 17. Jahrhundert hatten die Häuser in Florenz gar keine Nummern, und bis 1845 die Straßen nicht mal Namen. Als sie endlich von der Kommune eingeführt wurden, vergab man die schwarzen Nummern für den Wohnraum und die roten für die Geschäfte“, doziert Sara, holt tief Luft und fügt altklug an: „Nur dass diese Farben längst keinen Sinn mehr machen, weil heute auch in Rot gewohnt und in Schwarz gearbeitet wird.“

„Typisch Florenz!“, ruft eine Frauenstimme: Vor mir steht eine junge Frau und strahlt mich an, als hätte sie ihr Leben lang auf mich gewartet. Blaue Augen, engelhafte blonde Locken, himmelfarbenes Baumwollkleid, Muschelkette, Jesuslatschen. Niemals würde ich sie auf 44 schätzen, vielleicht Mitte dreißig, und sie niemals für eine Italienerin halten. Sie öffnet ihre Arme, drückt mich und schmatzt mir Küsse auf beide Wangen.

„Ich hab schon so viel von dir gehört", sagt sie schwärmerisch, „komm rein, das Abendessen ist fertig."

Das Telefon klingelt. *„Mamma"*, ruft Sara aus einem anderen Zimmer, „da ist *papà,* er will dich sprechen!"

Die Tür schlägt zu. Tuscheln, Schluchzen, Schreie.

„Sara", ruft Anna, „Sara, verdammt, wo steckst du?!"

„Mama kommt später, wir sollen mit dem Essen anfangen", verkündet Sara, als sie aus dem Telefonzimmer zurück ist.

Ohne ein Wort zu sagen, schiebt Giulio seine Nichte beiseite, öffnet die Tür und verschwindet ebenfalls in dem Raum.

„Was ist passiert?", frage ich die Zwölfjährige. Sie zuckt mit den Schultern. „Ich glaube, Papa kommt nicht zum Essen … Willst du meine Lippenstiftsammlung anschauen?"

Jetzt zucke ich die Achseln.

„Wir müssen aber leise sein. Lulù schläft."

Auf Zehenspitzen schleichen wir ins Kinderzimmer. Beim ersten Schritt knackt es verdächtig unter meinem Fuß. Als die Nachttischlampe angeht, erkenne ich den Grund. Ich stehe auf einem Minenfeld aus Puppen, Bilderbüchern, Schmuckdöschen, Plastikketten, Tuben mit Glitzergel, zerknüllten Taschentüchern mit roten Kussmündern. Im Doppelbett schlummert ein kleiner blonder Engel, etwa vier Jahre alt.

„Dove siete? Wo steckt ihr?", ruft Giulio.

„Was ist passiert?", frage ich, als er im Türrahmen auftaucht. Er zieht mich in die Küche und schließt die Tür.

„Fulvio, Annas Ehemann, kommt nicht zum Abendessen. Sie glaubt, er ist bei einer anderen!"

„Das tut mir leid."

„Halb so wild. Das ist nicht das erste Mal. Annas Mann ist ein echter Gigolo, er betrügt sie nach Lust und Laune, behauptet aber, er würde sie über alles lieben, denn keine andere könnte ihm die *mamma* seiner Kinder ersetzen. Anna will ihn seit Jahren verlassen, schafft es aber nicht. Ich werd' sie einen Moment beruhigen. Könntest du schnell das Brot kaufen, das Fulvio mitbringen sollte?"

Auf der Straße atme ich tief durch. Das erste Treffen mit Giulios Familie hatte ich mir anders vorgestellt. Aber vielleicht ist Betrug genau wie Eifersucht Bestandteil der italienischen Kultur? Immerhin verfasste bereits der Florentiner Dichter Giovanni Boccaccio hundert Novellen über heimliche Liebschaften und misslungene Fehltritte. Und das war vor 650 Jahren. Sein Hauptwerk, *Il Decamerone,* kennt jedenfalls fast jeder Italiener.

In einer der Geschichten taucht die Dame Peronella auf: Als ihr Gatte überraschend heimkehrt, versteckt sie ihren Liebhaber im Weinfass. Der Ehemann verkündet stolz, er habe endlich einen Käufer für sein Fass gefunden und wolle es mitnehmen. Seine gewiefte Frau erwidert, sie habe ebenfalls einen Herren aufgetan, der sogar mehr für den Behälter biete. In diesem Moment sei er zur Prüfung des Holzes hineingestiegen!

Noch besser gefällt mir die Erzählung um die hübsche Donna Filippa, die von ihrem Mann mit einem jungen Liebhaber im Ehebett erwischt wird. Erbost zerrt der Gatte sie vor Gericht, das den Ehebruch von Frauen (nicht den der Männer!) mit der Todesstrafe ahndet. Der Richter versucht, den Kopf der schönen und angesehenen Frau zu retten, und rät ihr, die Tat zu leugnen. Donna Filippa wendet sich jedoch an ihren Gatten und fragt ihn vor allen Versammelten, ob er je etwas vermisst habe. Er verneint. Daraufhin sagt sie zum Gericht: „Wenn er sich zu jeder Zeit genommen hat, wonach ihm gelüstete, was sollte ich mit dem machen, was er übrig lässt. Soll ich es verkommen lassen? Oder ist es nicht besser, es einem Edelmann zu gewähren, der mich mehr liebt als sich selber, statt es verloren gehen zu lassen?" Diesem Argument kann sich das Gericht nicht verschließen, es spricht die mutige Frau frei und bewirkt eine Gesetzesänderung.

In Gedanken versunken komme ich beim *forno,* dem Ofen, an, öffne die Tür und reihe mich in die Schlange ein: Welches Brot soll ich bloß kaufen? Die Auswahl ist enorm: Das helle Bauernbrot *pane contadino?* Das runde *pagnotta?* Das torpedoförmige *filone di pane?* Eine *ciabatta,* die übersetzt Pantoffel heißt, weil sie genau diese Form hat? Das baguetteähnliche *toscano?* Alle weiß und ungesalzen, bis auf die platte *schiacciata.* Das so genannte Zerdrückte ist als einziges Brot der Toskana gesalzen – mit dicken Kristallen auf der Kruste. Dafür entscheide ich mich.

„*Vorrei un pezzo di schiacciata*", sage ich, aber die Verkäuferin mit der rosa-weiß gestreiften Schürze ignoriert mich und bedient die Frau hinter mir.

„*Scusa,* ich war zuerst da! Ich hätte gern ..."

„*Che numero ha?*", blafft mich die Verkäuferin an.

„*Numero?* Ich habe keine Nummer."

„Ohne Nummer keine Bedienung."

Was soll das heißen? Ein Mädchen löst sich aus der Schlange, tippt mir an den Arm, geht zu einer Papierrolle, die an der Wand hängt, zieht einen rosa Schnipsel ab und reicht ihn mir. Darauf steht in schwarzen Ziffern: 87. Sie zeigt auf eine Anzeige über dem Tresen. Dort leuchtet in Rot die 79. Soll ich jetzt ernsthaft noch acht Personen abwarten? Haben doch alle gesehen, dass ich die ganze Zeit hier anstehe und mich nicht vorgedrängelt habe!

„*Ciao bella!*", ruft ein Typ mit weißer Bäckerhaube über den Tresen, grinst mich an und fragt zweideutig: „*Che cosa ti do, amore mio?* Wie kann ich dir behilflich sein, meine Geliebte?"

Bin ich seine Geliebte? Oder habe ich was falsch verstanden?

„Ich nehme eine *schiacciata*", höre ich mich sagen.

Mit Schwung verfrachtet er ein Stück Brot in eine Tüte, nimmt das Geld entgegen, tätschelt dabei meine Hand, lacht mich frech an und raunt: *„Torna presto, bella!* Komm bald wieder, Süße!" – Haben die italienischen Männer eigentlich nichts als Flirten im Kopf?

Und sind alle italienischen Frauen so inkonsequent wie Anna? Sie hat ihrem Fulvio den vermeintlichen Seitensprung schon verziehen, als ich mit der *schiacciata* eintreffe. Vergnügt knuddelt sie Sara, frotzelt mit Giulio und prostet mir zu. Bis zum Rand füllt sie ihr Kristallglas mit *Chianti,* kippt ihn runter wie Wasser und schickt ihren Bruder los, eine zweite Flasche zu öffnen. Sara hilft, die Töpfe auf die Dachterrasse tragen.

Was für ein Ausblick auf dieses gleichförmige Meer aus Terracottaschindeln! Nur einige Türme ragen hervor. Sara fordert mich zum Rätselraten auf. Ich erzähle ihr nicht, dass ich einen Magister in Kunstgeschichte habe und auf die Florentiner Renaissance spezialisiert bin. Erst mal rate ich: „Links erkenne ich die *Signoria,* das Rathaus, rechts die *Badia*-Kirche und den *Bargello;* der war im Mittelalter ein Gefängnis und ist heute eine Skulpturensammlung." Annas Tochter nickt beeindruckt. Mein Lieblingsbau ist aber der gigantische Dom. Fünfzig Meter ragt seine rote Kuppel über das Häusermeer hinaus. Ohne jegliche Stützpfeiler konstruierte sie Brunelleschi vor knapp sechshundert Jahren in einem Zweischalensystem. Bis heute gilt die freischwebende Kuppel, die drittgrößte des Abendlandes, als Meisterwerk der Architektur.

Angeschwipst serviert Anna am Holztisch unter einem großen Sonnenschirm, der Tag und Nacht geöffnet ist, die *zuppa di verdure* im altertümlichen Porzellan. Noch die Kelle in der Gemüsesuppe, beginnt ihr Redeschwall, der sich bis zum *dolce* ergießt. Anna gehört zu den Menschen, von denen man nach einem Abend die ganze Lebensgeschichte kennt. Ihre Kindheit in Rom war *allegra*. Leicht wie ein Vogel flatterte sie über die Plätze, durch Parks, zu Freunden, auf Feiern. Der Höhepunkt war, wenn Vater Lapo, ein Journalist, sie zu Pressevorführungen ins Kino mitnahm und sie die neuesten Streifen vor ihren Freunden sehen konnte.

Bei der *pasta alla carbonara* siedelt die Familie nach Florenz über. Die Eltern hatten dort ein Haus geerbt. Anna, gerade 25, verliebte sich in Fulvio, den sorglosen Sohn eines reichen *marchese*. Sie wird sofort schwanger. Fabio ist heute 18, schlägt nach dem Vater und dürfte sich gerade im Florentiner Nachtleben rumtreiben. Beim *bistecca* mit grünen Bohnen wird Fulvios Charakter vor mir ausgebreitet. Leidenschaftlich sei er und ungezähmt. Ein fester Job sei nichts für einen Freigeist wie ihn, Geld gäbe es ohnehin genug in der Familie. Er gehe lieber seinen Passionen nach: dem Motocross, Tauchen, und ab und zu eben seinem Eros. „Er lebt einfach intensiver als wir", erläutert Anna seine Fehltritte, aber tief im Herzen liebe er nur sie.

Sara schaut zu Boden, sagt, sie gehe jetzt zu Bett.

Beim *tartufo* kann ich längst nicht mehr – weder essen noch trinken, vor allem nicht mehr zuhören. Giulio erlöst mich und schlägt einen Verdauungsspaziergang vor. Anna bleibt bei den Kindern. Wir küssen, winken und schlendern in die Nacht. Die *Via dei Serragli* hinunter zur *Ponte alla Carraia*. Der Arno schimmert schwarz wie Teer, die Lichter der Stadt reflektieren wie Sterne auf der Oberfläche. Am anderen Ufer thronen mächtige Paläste. Ihre dicken Steinquader wurden vor sechshundert Jahren in den nahen Bergen abgetragen und auf Ochsenwagen herangekarrt.

Giulio steuert uns durch die schlanke *Via della Vigna Nuova* tiefer in die Altstadt. Das Steinpflaster der Gasse ist holprig, das Licht spärlich, die Luft lau. Durch das Straßengewirr flanieren wir bis auf die *Piazza della Signoria*, die Urzelle von Florenz. Unter dem Platz ruhen die Überreste eines römischen Theaters. Obendrauf steht der 700 Jahre alte *Palazzo della Signoria*, das wehrhafte Rathaus mit seinen Zinnen und dem mächtigen Turm. Umringt von vier bis fünf Meter hohen Skulpturen setzen wir uns auf die Stufen der *Loggia dei Lanzi*, von der aus einst die Reichen Reiterspiele, Musterungen und Hinrichtungen verfolgten.

Der Mond spiegelt sich im Marmorbrunnen des Neptun. Herkules ringt mit Krachus. Daneben lässt der nackte David seine Muskeln spielen. Jede Rippe, jede Sehne, jede Haarsträhne ist so perfekt aus dem Stein gehauen, dass er im dämmrigen Licht fast lebendig scheint. Ich stelle mir vor, wie er von seinem genialen Meister Michelangelo erzählt: dass er die Skulptur vor 500 Jahren schuf, um mit seinem Kunstwerk dem Volk und der Bürgerregierung Mut zu machen, gegen die Unterdrückung durch die Medici-Fürsten zu kämpfen – so wie einst David gegen den übermächtigen Goliath kämpfte.

Doch die Medici eroberten die Stadt zurück und entwerteten den David, indem sie ihm andere Giganten an die Seite stellten. Hoch auf dem Bronzepferd sitzt *Cosimo I de' Medici* als Stellvertreter seines Clans, der Florenz rund 350 Jahre lang regierte und dessen Bankleute, Händler und Diplomaten Europas Politik mitbestimmten. Die Medici machten Florenz nicht nur zur wohlhabendsten, sondern auch zur kunstreichsten Stadt des Kontinents, denn sie förderten Kunst, Dichtung und Wissenschaften.

Damals entstanden genau hier die Wurzeln unserer heutigen Gesellschaft: Die Florentiner erstritten die erste Demokratie des neuzeitlichen Europas, erfanden das moderne Bankwesen mit bargeldlosem Handel und einem europaweitem Filialnetz. Handwerker entwickelten sich zu Künstlern. Kunstakademien, Universitäten, öffentliche Bibliotheken wurden gegründet. Florentiner brachen auf, Amerika zu entdecken. Man wollte die Welt erforschen und verstehen ... In jeder Gasse und Straße spürt man grenzenlose Entdeckerlust und Kreativität.

Und hier bin ich jetzt zu Hause.

Oktober

Der Ernst des Lebens

Der Hamburger Spediteur lädt meine dreizehn Umzugskisten im *salotto* ab und mir wird unwiderruflich klar: Jetzt lebe ich in Italien. Der Urlaub ist vorbei. Es muss Arbeit her, vor allem aber eine Arbeits- und Aufenthaltserlaubnis. Der so genannte *permesso di soggiorno* sollte für ein EU-Mitglied wie mich nur eine Formalie sein. Da es aber selbst einem Italiener wie dem berühmten Umberto Eco im eigenen Land nicht gelang, seinen verloren Führerschein innerhalb eines Jahre zu ersetzen, stelle ich mich auf einen harten Kampf ein – Mensch gegen Verwaltung.

Meine Behörde heißt *La Questura* und sperrt die dicken Holztore morgens um 8.15 Uhr auf, allerdings um 9.30 Uhr wieder zu. Aus den kurzen Öffnungszeiten schließe ich auf wenig Betrieb.

„Deutsche Logik", kommentiert Giulio, „in Italien bedeuten kurze Öffnungszeiten einen enormen Andrang. Spätestens um sieben Uhr müssen wir dort sein und uns anstellen!"

„Über eine Stunde vor Öffnung? Ist das nicht etwas übertrieben?"

„Das ist die einzige Möglichkeit. Glaub mir!" Ich glaube ihm erst, als ich die zwanzig Frühaufsteher erblicke, die bereits um 6.50 Uhr vor der – natürlich noch verschlossenen – Tür der Ausländerbehörde warten. Bis 8.15 Uhr wächst die Menge auf hundertfünfzig Menschen aller Hautfarben an. Wir in vorderster Reihe. Stehend. Seit über einer Stunde auf demselben Fleck. Plötzlich hysterisches Gedrängel. Von hinten drückt und schiebt es wie beim Rockkonzert. Nur geht es hier nicht um Autogramme oder das durchschwitzte T-Shirt eines Stars, sondern um vermaledeite rosa Nümmerchen, die in Italien jeder ziehen muss, der irgendwo ansteht. Allerdings hängen sie nicht wie beim Bäcker an der Wand, sondern ruhen in der kräftigen Hand eines Carabinieri in schicker blauer Uniform. In Zeitlupe reicht er die Schnipsel ans Volk. Seine arrogante Miene lässt vermuten, dass er lieber Fußtritte verteilen würde. Und Fragen beantwortet er aus Prinzip nicht, er ist ja kein Informationsbüro.

Wie Rugbyspieler kämpfen wir uns durch die Menge und schaffen es bis vor die Füße des Carabinieri, der erhaben von der obersten Stufe der Treppe auf uns herabblickt. Flehend strecken wir ihm die Hände entgegen und hoffen, dass er gerade uns aus der Traube herauszieht, um uns das türöffnende Rosa zu überreichen. *Fatto!* Geschafft! Im Inneren der Behörde angekommen, ordne ich mein Haar und richte mein Kleid. Giulio erobert unterdessen zwei Plastikschalensitze, denn alles deutet auf weitere Wartezeit hin.

Die verglasten Schalter sind noch unbesetzt. Um 8.30 Uhr treffen die ersten Angestellten ein. Sie schwatzen angeregt, als hätten sie alle Zeit der Welt und als wären die Endlosschlangen vor dem Panzerglas bloß eine Fata Morgana, die sich irgendwann von selbst auflöst. Erst als sie sich nichts mehr zu erzählen haben, öffnen sie einen Schalter, und später einen zweiten.

Nervös schaue ich auf die Uhr: 9.28 Uhr. Ob wir heute wohl noch drankommen? Oder werden wir wie Umberto Eco auf seiner Führerscheinsuche über Tage stets dann am Schalter ankommen, wenn er gerade schließt? Die „23" leuchtet auf, wir sind dran. Giulio stürzt zum Tresen, bevor die Uhr auf 9.30 Uhr umspringt.

„Sie stehen am falschen Schalter", verkündet die Carabinieri.

„Aber – aber Sie zeigen doch die ‚23' an?!"

„Was wollen Sie mit der Nummer? Sie brauchen keine!"

„Was? Aber die mussten wir ziehen, um hier reinzukommen."

„Sind Sie nun EU-Mitglied oder nicht?", fragt sie und schüttelt den Kopf. „Dann müssen Sie zum EU-Schalter gehen!"

Wir schauen uns um. Tatsächlich, in der anderen Ecke des Raumes entdecken wir über einem kleinen Tresen ein unscheinbares EU-Schild. In diesem Moment rauscht dort die Jalousie herunter.

Tags drauf kämpfen wir uns abermals durch die Masse an Menschen und rufen dem Carabinieri lauthals entgegen: „EEEEUUUU. Wir brauchen keine Nummer! EEEUUUU!!!"

Wie eine Schranke schiebt er seinen Arm vor uns.

„Calma, calma! Ruhig!", befiehlt er und lässt uns endlose Minuten an vorderster Front ausharren. Als wir endlich passieren dürfen, hören wir von hinten neidische Pfiffe. Drinnen erwartet uns das große Privileg: der EU-Schalter. Dahinter sitzt die Dame, die uns gestern ihres Schalters verwiesen hat. Heute arbeitet sie wundersamerweise im Dienst der EU und ist mit allen Informationen ausgestattet, die sie uns gestern nicht geben konnte.

„Un permesso di soggiorno, eine Aufenthaltsgenehmigung", fragt sie argwöhnisch, „dürfte ich mal Ihren Arbeitsvertrag sehen?"

„Sie hat keinen Arbeitsvertrag", erklärt Giulio.

„Spreche ich mit Ihnen?!"

„Ich habe keinen", sagte ich.

„Dann gibt es keine Aufenthaltsgenehmigung. Der Nächste!"

„Un momento, ich habe ja einen Job, bin bloß nicht fest angestellt", protestiere ich in fragmentarischem Italienisch.

„Können Sie das nachweisen?"

„Ja!“ Hektisch suche ich in meinem Rucksack nach dem Presseausweis. Giulio hält mir den Rücken frei.

„Hier, meine deutsche *tessera di giornalista*.“

„Was soll das sein?“, fragt die Uniformierte und dreht mein international anerkanntes Dokument wie einen Papierschnipsel mit den Fingern herum. „Das akzeptieren wir nicht. Suchen Sie sich einen richtigen Beruf.“

„Ich bin Journalistin!“

„Dann beweisen Sie das und bringen mir Ihre italienische Steuererklärung.“

„Aber ich bin doch grad erst angekommen ...“

„Dann heiraten Sie eben. So geht das auf jeden Fall nicht.“ Mit einer genervten Geste schiebt sie mich beiseite. „Der Nächste!“

„Moment mal“, mischt sich Giulio ein, „wir wollen doch nur wissen, was man für eine Aufenthaltsgenehmigung benötigt.“

„Eine Arbeit!“

Wütend zieht Giulio mich hinter sich her aus der Behörde. Die Masse trennt uns, und ich stolpere in die Arme eines hochrangigen Beamten, der mit blendender Laune eine Reihe von Sternen auf der Schulter spazieren trägt. Vielleicht meine letzte Rettung?! Ich setze ein reizendes Lächeln auf: *„Mi scusi,* ich da habe eine Frage ...“

„Sì, signorina, was kann ich für Sie tun?“, entgegnet er charmant. Er schaut mir tief in die Augen, legt seinen Arm auf meine Schulter und führt mich aus dem Gedrängel. Ich versprühe einen Hauch von Ratlosigkeit und Hilfsbedürftigkeit und erläutere dem hohen Beamten meinen „Spezialfall“ der Freiberuflichkeit.

„Non c'è problema, melden Sie sich arbeitslos, und das Problem ist gelöst, später sehen wir weiter“, sagt er und zwinkert mir zu, als wäre alles ein Spiel. Dann reicht er mich

an einen Untergebenen weiter. Der schreibt mir auf, was ich nächstes Mal mitbringen soll.

Beflügelt schlage ich vor, gleich noch das Arbeitsamt im Sturm zu erobern. Zu meiner Überraschung lagert vor der Tür keine Meute und die Öffnungszeiten sind großzügig gestaltet: 9 bis 12.30 Uhr und 15 bis 17 Uhr. Dabei darf die obligatorische Mittagspause natürlich nicht fehlen. Immerhin hat jeder Florentiner ein Recht auf sein Mittagessen bei *mamma*. Deshalb lassen gegen 13 Uhr alle Geschäfte ihre Rollläden mit metallischem Rasseln fallen und öffnen sie erst gegen 16.30 Uhr wieder. Das macht Erledigungen in der Mittagszeit zum Ding der Unmöglichkeit, außer man schafft es zu einem der großen *Esselunga*-Supermärkte. Am besten genießt man den Mittag allerdings auf italienische Art und bestellt ein *primo*, eine Portion *pasta* oder *risotto*, in einer der vielen Bars.

Die Sachbearbeiter des Arbeitsamtes scheinen sich bereits um 10 Uhr mental aufs Mittagessen einzustellen: Eine Beamtin pausiert nichtstuend vor ihrem fossilen Computer, eine andere bespricht seelenruhig am Telefon die Essenspläne ihrer Familie. Ein Schreibtisch steht trotz Endlosschlangen komplett leer. Es dauert eine knappe Stunde, bis ich erfahre, dass in dieser Behörde niemand mit mir spricht, bevor ich eine Steuernummer habe. Die müsse ich mir in der Finanzbehörde besorgen. Wo sich die befindet, kann mir keiner sagen. Irgendwo Richtung *Piazza Indipendenza*, höre ich.

Tags drauf wird mir klar, warum die Arbeitsämtler die Adresse der Finanzbehörde geheim halten: aus Neid. Dieses Amt funktioniert reibungslos! Ein Portier erklärt mir, welche Nummer ich ziehen muss, und die Beamten sind so flink, dass ich innerhalb einer Viertelstunde eine italienische Steuernummer besitze. Stolz präsentiere ich sie im Arbeitsamt und nötige die scheinbar seit gestern telefonierende Sachbearbeiterin, meine Daten aufzunehmen. Wortlos fährt sie ihren Dinosauriercomputer hoch. Im Zweifingersystem trägt sie Namen, Steuernummer und Adresse ein. Nach einer halben Stunde, zuzüglich der zwei vorangegangenen Stunden Wartezeit, überreicht sie mir den Ausdruck und verkündet, dass mir jetzt nur noch das Beratungsgespräch fehle. Ich erwidere, sie könne mich sofort hier und jetzt über meine Talente befragen. Ausgeschlossen, dafür sei sie nicht zuständig, ich müsse mir in Raum 2 einen Termin holen.

„Ist Ihnen der 12. Dezember recht?"

„Geht es nicht etwas früher? Wir haben gerade Anfang Oktober!"

„Non è possibile."

„Muss ich deshalb bis Dezember ohne Krankenversicherung leben? Die krieg' ich doch nur mit einer Aufenthaltsgenehmigung, oder?", frage ich Giulio besorgt, als er mich abends besucht.

„Mach dir keine Sorgen", meint er, „ich hab' seit meinem 18. Geburtstag keine staatliche Krankenversicherung mehr. Ich hatte einfach keine Lust, mich durch den Behördensumpf zu wühlen. Und du siehst: Ich lebe ja auch noch."

„Ja, aber – wenn was passiert?"

„Für Notfälle gibt's den *Pronto Soccorso,* die Notambulanz in der Klinik. Da wird jeder umsonst behandelt. Egal ob du Italiener bist oder illegaler Einwanderer, ob du eine Grippe hast oder ein gebrochenes Bein. Einzige Voraussetzung: Die Krankheit darf nicht älter als sechs Stunden sein. Aber das lässt sich schon drehen ..."

Mein Telefon klingelt. Eine Hamburger Chefredakteurin ist dran und gibt mir das Okay für meine Reisereportage „Geheimtipps in der Toskana". Der Einfall kam mir, als ich noch in Hamburg lebte und Giulio mich zu einem Wochenendtrip einlud. Er wollte mir die schönsten Ecken seiner Heimat zeigen, die die Touristen nicht kennen, insgeheim arbeitete er aber daran, meine zögerlichen Auswanderungsüberlegungen anzuschieben. Tatsächlich beschleunigte unser Dreitagesausflug meine Emigrationsambitionen gewaltig und zusätzlich hatte ich auf dem Rückflug eine neue Reportageidee in der Tasche.

Giulio, der aus einer Journalistenfamilie stammt, sah es mir nach, dass die Reporterin in mir mitreiste. Meine Neugierde ist nun mal angeboren, gilt allem und jedermann, und das zu jeder Zeit – auch im Urlaub. Sonst käme ich als „Freie“ auch nicht weit, denn den Redaktionen mangelt es selten an Schreibern, wohl aber bisweilen an Einfällen. Den Großteil meiner Zeit verbringe ich damit, Ideen zu finden, sie zu formulieren und via E-Mail und Telefon anzubieten – wobei es durchaus einer hartnäckigen Vertretermentalität bedarf. Seit ich in Italien lebe, trumpfe ich jedoch mit einen Standortvorteil auf: Die Verlage sparen Anreisekosten, einen Übersetzer und können mich als *ihre* Italien-Expertin ausgeben. Klingelt das Telefon und eine Chefredakteurin beklatscht einen meiner Ideenvorschläge, ist das ein höchst erfreuliches Ereignis, und es folgt das Sahnetörtchen der journalistischen Arbeit: die Recherchereise.

Mit einem gemieteten Fiat fahren wir ins Chianti, ins größte Weingebiet Italiens. Vorbei an Kornfeldern und Eichenhainen schlängeln wir uns durch die liebliche Hügellandschaft der weißen *Sieneser Crete*. Zypressen rahmten malerisch die Straßen. Höfe zieren wie gemalte Farbtupfer das Land. Es scheint fast, als hätten Künstler die Toskana gestaltet.

Und so war es tatsächlich: Vor rund 2700 Jahren rodeten die Etrusker die toskanischen Wälder, um Wein und Oliven zu kultivieren. Die Römer durchschnitten die Wildnis mit Straßen und legten Weizenfelder an. Im 15. Jahrhundert gaben die Fürsten der Landschaft einen weiteren Schliff. Sie flachten Hügel ab, leiteten Flüsse um und siedelten ihre Landgüter dort an, wo sich das Auge erfreute.

Auf einem dieser Höfe hat uns eine *Signora* mit adligem Blut zu einer Weinprobe geladen. Aber wir hängen noch irgendwo im Straßennetz der *Sieneser Crete* fest. Zu kurvig sind die Wege und entbehren jeglicher Beschilderung, ich habe keine Ahnung mehr, wo wir sind.

„Stell dir vor", sagt Giulio im Plauderton auf dem Beifahrersitz, „die Römer waren entsetzt, als sie sahen, dass die etruskischen Frauen Wein tranken und freizügig mit den Männern Orgien feierten. Sie tanzten, sangen und verspeisten Delikatessen wie Rehbraten ... Und weißt du, woher der Name Chianti kommt?"

„Nein! Aber such mal lieber mit, sonst kommen wir nie an!"

Halbherzig schaut Giulio auf die Beschreibung in seiner Hand und quasselt weiter: „Vor 170 Jahren war der Graf Benito Ricasoli so eifersüchtig auf die Seitensprünge seiner Ehefrau, dass er mit ihr in ein einsames Landhaus zog und begann, Wein anzubauen ...". „Ja, ja, ich weiß, und da experimentierte er so lange, bis er einen Mix aus drei Trauben fand und den nach einem alten toskanischen Militärbund benannte – aber verdammt, wo stecken wir?!"

„Bieg mal da vorne ab", schlägt Giulio vor. Das Pfadfinden steckt ihm, wie allen Italienern, im Blut. Noch nie habe ich ihn einen Plan lesen sehen. In den Städten ergibt das ohnehin keinen Sinn, denn die Einbahnstraßen und Abbiegeverbote sind nicht verzeichnet. Doch über Land könnte er ja mal reinschauen. Aber nein, er lässt sich vom Gefühl leiten. Und das funktioniert ungefähr so: Das Ziel wird südlich von Florenz angepeilt. Damit liegt die Ausfallstraße fest, und er fährt los. Inzwischen sinnt er über weitere Koordinaten nach: hinter *Siena*, aber nicht ganz bis *Montepulciano*, unweit von *Monte Oliveto Maggiore* ... Notfalls fragt er in der *bar*.

Irgendwie kommen wir ans Ziel: Vor dem Landgut wartet bereits die *Signora* im Designerkostüm, schwer mit Gold behangen. Sie geleitet uns über ihren Hof. Im Schnelldurchlauf erzählt sie uns die Geschichte der *fattoria*: im 12. Jahrhundert als Wehrturm erbaut, 1592 zum Gutshof umgerüstet, später als Jagdvilla genutzt. Seit 1998 kümmert sie sich persönlich um das Gut ihrer Vorfahren, kultiviert Oliven, hochwertigen Wein und Getreide für Babynahrung.

Sie steuert uns zu einem Gebäude aus grauem Naturstein. Schwere Brokatstoffe und wuchtige Holzmöbel geben den Räumen einen Hauch von fürstlicher Vergangenheit. Dicke Holzbalken tragen die Decken. Die halbe Küche füllt ein überdimensionaler Kamin. Unter dem Rauchabzug stehen Sitzbänke neben der Feuerstelle. An kalten Wintertagen rückte unter diesem typisch toskanischen Zimmerkamin die ganze Familie zusammen. Heute hat jeder Raum eine Heizung und Klimaanlage. Im Weinkeller lagern Barriquefässer. Die drei Schwimmbäder und ein Tennisplatz beweisen, dass es sich bei der *fattoria* um eine Herberge der gehobenen Art handelt.

Auch ihr Wein gehört selbstverständlich zu den edelsten Italiens: der *Brunello*. Seine Traube, hundert Prozent Sangiovese, darf nur auf den fünfhundert ausgezeichneten Quadratkilometern rund um den Weinort Montalcino angebaut werden und muss mindestens fünfzig Monate im Eichenfass lagern. Die *Signora* hat dem edlen Tropfen dazu eine besondere Note verpasst, denn sie keltert ihn ausschließlich für Frauen – für ihre neu etablierte *„Linie Donne"*.

„Leider gibt es viele Touristen, die gute Weine nicht zu würdigen wissen, denn sie verstehen viel zu wenig von unserer italienischen Kultur", moniert unsere Gastgeberin.

„Mir schmeckt's prima", meint Giulio, „so weiblich!"

Die *Signora* fährt unbeeindruckt fort: „Deshalb bieten wir auf unserem Hof Kurse über Kunst, Kochen und Weine an. Natürlich nur für kultivierte Touristen, nicht für die Masse." Sie holt kurz Luft und fügt an: „Diese Reisegruppen machen uns ein normales Leben unmöglich. Vor allem in meiner Heimatstadt Siena. Un-er-träg-lich!“ Ihre Wangen röten sich vor Erregung. Am liebsten würde sie alle Tore der Stadt schließen und keine Fremden mehr reinlassen, vor allem nicht „diese Busladungen“. Von Einzelreisenden würde sie einen hohen Eintritt verlangen. Dann käme nur noch der, der wirklich an Sienas Kultur interessiert ist. *Basta*!

Dabei waren es Ausländer, die in den 1970er und -80er Jahren die verlassenen Höfe wieder zu neuem Leben erweckten. Hauptsächlich Deutsche und Engländer kauften und restaurierten die Ruinen mit einer großen Portion Kreativität. Auf einem Hof bei Radda züchtet eine Amerikanerin Kaschmirziegen und webt aus der Wolle kostbare Schals, Umhänge und Bettdecken, aus der Ziegenmilch produziert sie hochwertige Seifen und Cremes für das wohlhabende toskanische Klientel. In Fucecchio erhält ein deutscher Geigenbauer italienisches Handwerk am Leben: Nach traditioneller Technik fertigt er barocke Violinen, vier Stück pro Jahr. Die französische Künstlerin Niki de Saint Phalle erstand einen Hügel bei Pescia Fiorentina, bestückte ihn mit ihren bunten Nana-Figuren und eröffnete den weltberühmten Tarotgarten.

Der Schweizer Bildhauer Daniel Spoerri hingegen wollte nie in die Toskana: „Sie war mir ein Gräuel“, erzählt er uns, als wir ihn in Seggiano treffen. Grauhaarig und im blauen Arbeitsanzug sitzt er vor seinem Steinhaus – er, der Denker, Städter und Beuys-Freund.

„Ich dachte, diese Idylle sei nur was für Weltflüchtige“, sinniert er und schenkt uns *caffè* ein. Wir trinken, sitzen nur so da, vor seinem Atelier, der Ölmühle, und blicken auf den wildwüchsigen Garten.

„Dann erzählte mir eine Frau von einem schiefen Haus, das angeblich einen Berg hinabrutschte. Die Vorstellung gefiel mir.“

Vor über zwanzig Jahren kaufte Daniel Spoerri den verlassenen Bauernhof am Fuße des Monte Amiata: 16 Hektar überwuchertes Land und ein ruinöses Steinhaus. Damals erkannte er nicht mal einen Olivenbaum, heute schneidet er sie selbst und produziert sein eigenes Öl. Und nach den ersten Jahren der Annäherung begann er, seine Skulpturen „zaghaft in der Natur zu verstecken".

Er nimmt den letzten Schluck *caffè*, steht auf und führt uns in die Ölmühle. Auf fünf Tischen türmen sich Papier, Pappen, Farben, Bohrmaschinen, Döschen mit Schauben und Nägeln. Undefinierbare Utensilien und Flohmarktstücke füllen selbst die Regale an den Wänden. Von den Decken strahlen drei große, grelle Neonlampen. Vor der Tür · stolpere ich über einen Haufen Pantoffeln. Kein Wunder: Die Hausschuhe sind aus Bronze!

Fünfundsiebzig Skulpturen haben er und seine Künstlerfreunde aus aller Welt seither auf dem Land hinterlassen. Unter einem Baum stehen Bronzeköpfe auf Säulen: „Die sieben Todsünden" von Eva Aeppli schauen wütend, hochmütig und voller Wolllust über die grünen Hügel. In einer Volière schlafen Metallvögel, im Gewächshaus gedeihen elektrische Blumen, auf einer Wiese spinnt eine marmorne Leserin ihre Gedanken.

Auf der Spitze eines Hügels thront ein Steinzirkel. Daniel Spoerri ist sich sicher, dass hier „einst Hexen in gewittrigen Nächten Rituale vollzogen haben, um die Naturgötter milde zu stimmen". Deshalb errichtete er an dieser Stelle seinen Steinkreis, krönte ihn mit neun bronzenen Pferdeschädeln, montierte ihnen lange Hörner auf die Stirn und ließ die Spitzen in den Himmel zeigen.

Ebenso archaisch und gewaltig wie seine Kunst ist auch die Natur um den erloschenen Vulkan *Monte Amiata*. Nirgendwo in der Toskana ist sie wilder und mystischer als im Süden, denn hier liegen die wenigen Flecken, die nie von Menschenhand kultiviert wurden.

Unbezwungen ruhen die schroffen Berghänge und die

steilen Schluchten vor uns. Die Straßen sind eng und verschlungen, die Wälder undurchdringlich, die Orte klein und ärmlich. Nur die Pflanzenwelt ist reich, denn die Vulkanerde gibt nahrhaften Boden. Bis in die Nachkriegszeit ernährten sich viele Bewohner, auch Giulios Großtante und ihre Familie, allein von dem, was die Natur hier hergab. Aus Esskastanienmehl backten sie Brot oder Kuchen, den *castagnaccio*. Sie kochten aus Brombeeren Kompott, schmorten Steinpilze und würzten mit Trüffeln, wenn der Großonkel welche ausgrub. Und ab und zu kam ein Wildschweinbraten auf den Tisch.

Von diesen alten Waldmenüs ließ sich der junge Starkoch Roberto in Pescina inspirieren. In seinem *Ristorante Silene* zaubert er aus dem, was die karge Natur hergibt, sternegekrönte Speisen. Von einem Geheimtipp treibt es uns zum nächsten, mehr, als ich in meiner Reportage unterbringen kann. In Bagni San Filippo planschen wir in einer der vierzig toskanischen Thermalquellen, in der schon die Medici ihre Wehwehchen heilten. In der Abbazia di Sant'Antimo lauschen wir den gregorianischen Gesängen der Benediktinermönche. In Pitigliano erkunden wir eine unterirdische Stadt. Bei Sovana finden wir im Wald versteckte Etruskergräber. Auf der Halbinsel Monte Argentario erobern wir das geheime Refugium von Superstars und Promis: das Fünfsterne-Schlupfloch *Il Pellicano*, in dem schon Picasso, Charlie Chaplin und Kate Moss unerkannt untertauchten. Beim Candle-Light-Dinner lassen wir uns auf der Terrasse von einem Dutzend Kellner umschwirren. Und als die Sonne wie ein roter Feuerball ins tiefschwarze Mittelmeer taucht, beschließen wir: Unser letzter Tag wird ein Badetag.

Am piniengesäumten Strand von Donoratico türmen sich gigantische Baumstämme wie Elefantenskelette. Jedes Jahr treiben die Winterstürme das Holz genau hier an Land und die Sommersonne bleicht es aus. Im Windschutz der elfenbeinweißen Stämme schlagen wir unser Lager auf. Trotz der

23 Grad ist der Strand menschenleer, denn im Oktober wagen sich nur noch die hartgesottenen Italiener an die *spiaggia*. Ungestört lauschen wir der betörenden Musik des Meeres. Steinchen, Muscheln und Schnecken schleudern aufgeregt durcheinander. Die Wellen saugen sie in sich hinein. Anderthalb Meter hoch bauen sie sich auf und kippen krachend auf den Strand, wieder und wieder. Wie könnte ich da widerstehen? Ich springe in die Wellen und schwimme dem Horizont entgegen. Irgendwann drehe ich mich auf den Rücken, schaue in den Himmel, lasse mich schaukeln und bin einfach glücklich.

Zurück in Florenz kümmere ich mich um meinen Zweitjob als Qigonglehrerin. Seit Jahren habe ich diese chinesische Gymnastik nebenbei studiert, mich jede freie Minute in Bewegung und Meditation geschult, und jetzt muss ich sehen, wo ich Schüler und einen Übungsraum auftue. Dafür schaue ich mich erst mal in der Szene um.

Am gigantischen Portal eines steinernen Palastes suche ich nach dem Klingelknopf des Yoga-Studios *Clip 2000*. Das klingt mir von all den Angeboten im Cityführer *Firenze Spettacolo* am seriösesten. Zur Auswahl standen: „Verein Sonnenmond", „Akademie der Kristallerforschung", „Das offene Herz", „Die Seele des Tones", „Der Garten der Seele" und „Der innere Spiegel". Da ich aber weder in Kristallkugeln lese noch meine Gymnastik nach Mond oder Sonne ausrichte, suche ich nur ein schlichtes Sportstudio.

Der Türsummer brummt. Mit dem ganzen Körper stemme ich mich gegen die meterhohe Eichentür. Sie öffnet sich nur schwerfällig und ich stehe im Treppenhaus eines uralten Palastes. Die Decken sind sechs oder sieben Meter hoch, mit Fresken bemalt, prunkvoll wie in einem Schloss. Hier soll es Yogakurse geben? Neugierig folge ich dem Duft von Räucherstäbchen über die Stufen in den ersten Stock. Ein Windspiel kündigt mein Eintreten an. Hinter einem Holztisch sitzt eine schlanke Brünette. Sie lächelt mir zu, glaube ich zumindest, denn ihr zweites Auge schielt an mir vorbei.

„Namaste“, begrüßt sie mich auf indisch, legt ihre Handflächen vor der Brust zusammen und verbeugt sich vor mir.

„Buonasera! Ich würde gern eine Yogastunde ausprobieren und mir euer Zentrum anschauen.“

„Entra, komm rein“, sagt die Yogafrau, „aber bevor du den Raum betrittst, musst du deine Aura reinigen! Weißt du, wie das geht?"

Ist denn meine Aura so verschmutzt? Verunsichert schaue ich an mir runter und schüttele den Kopf.

Die Brünette springt auf. Ihre langen Haare umhüllen sie wie einen Umhang bis zur Hüfte. Mit einem Handgriff knotet sie sie zusammen und ergreift ein Glasfläschchen. Sie stäubt sich die Flüssigkeit in die Handflächen. Es duftet nach Rosenblüten. Mit dem wohlriechenden Wässerchen deutet sie eine Handwaschung an, besprüht die Finger mit einer zweiten Duftladung und lässt sie in einem Abstand von etwa zehn Zentimeter an ihrem Körper entlanggleiten. Von oben bis unten, vorne und hinten, als wolle sie etwas abstreifen. Hoffentlich nicht ihre Aura.

Ich tue es ihr nach, anscheinend zufriedenstellend, denn ich darf den Übungsraum betreten. Ich nicke den anderen Gereinigten zu, schnappe mir ein Kissen und setzte mich in den Halbkreis vor einen alten Kamin. Anstatt Feuerholz türmen sich dort Bildchen von Hindu-Gottheiten, ein paar Buddhas, Kerzen, indische Räucherstäbchen und tibetanische Klangschalen. Auf den Terracottaboden davor plätschert ein japanischer Zimmerbrunnen.

Kaum liege ich zur Entspannung flach auf dem Rücken, erblicke ich an der Decke über mir ein uraltes Fresko mit fünf pummeligen Engelchen. Noch nie habe ich in einem historischen *salotto*, dem Wohnzimmer einer Adelsfamilie, Sport getrieben. Für die Florentiner scheint es das Normalste der Welt zu sein. Ihre prächtigen *palazzi* gehören zum Alltag. In ihnen wird gearbeitet, gewohnt, geliebt und eben auch Sport getrieben. Ich hingegen bestaune die ganze Yogastunde lang fasziniert die Engel. So sehr mich das Ambiente bezaubert, so wenig überzeugt mich der Kurs: viel Aura-Hokuspokus um wenig gutes Yoga. Vor allem: Wie sollte ich meinen Schülern erklären, dass sie vorher ihre Aura reinigen müssen?

Auf der Suche nach einem passenden Raum stöbere ich im Bioladen die Prospekte durch. Nie hätte ich gedacht, dass es so schwierig sein würde, eine stinknormale Yoga- oder Tai-Chi-Schule zu finden. Dafür entdecke ich philippinisches Boxen, ägyptischen, hebräischen und indischen Tanz. Gegen Stress werden „Psychomassagen" verabreicht. Unsere Energien können wir mit den „Runen des Frühlings" aktivieren. Astralreisen, Tarot und Traumdeutungskurse leiten den Weg in eine sichere Zukunft und in dem Kurs *„Le Vite Precedenti"* lernen wir, in vergangene Leben zu reisen. Wenn alles nicht hilft, prüft eine gewisse Marcella unsere Aura und verrät, wo der Wurm drin ist.

„Florenz ist die Hochburg der Esoteriker. Wusstest du das nicht?", fragt mich die Besitzerin des Ökoladens. Schlank, graue Locken, Mitte fünfzig und schick gekleidet, stellt sie sich als Katia vor. Sie wiegt mein Graupenbrot ab und erklärt mir, dass sich in der Toskana drei Erdmeridiane treffen. Diese Energie ziehe eben Esoteriker, Buddhisten und alle an, die etwas mit Spiritualität zu tun haben. Und überhaupt versammeln sich in dieser Stadt seit über siebenhundert Jahren geistige Sucher. Im gleichen Atemzug zitiert Katia Francesco Petrarca: „In der Illusion des Scheinglückes zu leben, sich auf dem Wege des Glückes zu wähnen und in Wahrheit beständig zu verfehlen, heißt elend sein, ohne dass man es weiß: das Schlimmste, was dem Menschen zustoßen kann."

Die Liste der Florentiner, die nach dem Sinn des Lebens

suchten, beginnt schon im 13. Jahrhundert: Der Poet Dante Alighieri erkundete in seiner „Göttlichen Komödie“ das Leben nach dem Tod, reiste von der Hölle über das Fegefeuer bis ins Paradies. Ein Jahrhundert später fragte sich Giovanni Boccaccio, was im Angesicht des Todes – die schwarze Pest hatte gerade ein Drittel aller Europäer dahingerafft – noch von Wert ist. Um 1460 gründete der Herrscher von Florenz, Cosimo de' Medici, die Platonische Akademie, an der Gelehrte erforschen sollten, ob die Seele unsterblich ist. Sie alle und viele ihrer Zeitgenossen suchten nach Erklärungen für unser Sein, die über die der Kirche hinausgingen.

„Wenn du einen bodenständigen Yogakurs suchst, komm mit zu meinem Lehrer“, sagt Katia, „er ist ganz *terra-terra*.“

Am folgenden Abend turnen wir im Dachgeschoss eines alten Klosters, das heute ein Gymnasium ist, mit Yogalehrer Mario. Seine dunklen Rehaugen und seine Größe – er ist kleiner als ich – verraten mir seine süditalienischen Wurzeln: Mario kommt aus Kalabrien und arbeitet in Florenz als Schulsekretär. Abends, wenn die Schüler und Lehrer zu Hause sind, öffnet er den Gymnastikraum noch einmal für seine Yogastunden, mit denen er sich ein paar Euro zu seinem schmalen Staatsgehalt dazuverdient. Vermieten dürfe er mir den Schulraum allerdings nicht, der *direttore* dulde gerade mal seine Aktivitäten.

„Aber einen Raum finden wir schon für dich“, sagt er und legt den Arm um mich. Aus seiner Tasche zieht er ein Handy hervor und durchforstet die Telefonliste, bis er eine Nummer für mich hat.

„Rossella ist auch Yogalehrerin und unterrichtet in ihrem eigenen Studio. Sag ihr, dass du eine Freundin von mir bist.“

Obwohl Rossella mich nicht kennt, freut sie sich über meinen Anruf, als wäre ich eine alte Bekannte. Ihr Studio sei leider ausgebucht. Aber – sie denkt nach: „Ich habe eine Nummer für dich.“

So werde ich von Freund zu Freund weitergereicht, komme mir etwas komisch vor, wildfremde Italiener anzurufen, aber ich bin zu neugierig, wohin mich die Telefonkette führen mag. Am Ende lande ich bei einem Meditationslehrer, der mir seinen Übungssaal in der Altstadt anbietet: ein Mal die Woche, sonst nutze ihn eine indisch-italienische Glaubensgemeinschaft.

Jetzt fehlen nur noch die Qigongschüler. Giulio schlägt mir vor, in allen Bioläden, Waschsalons, Bibliotheken und *erboristerie*, den italienischen Kräuterapotheken, meine Werbezettel aufzuhängen. Die dürfen allerdings nicht größer als DIN A5 sein, sonst muss ich dafür in der *Comune* eine Plakatsteuer bezahlen. Längst nicht die einzig absurde Steuer, mit der Italien aufwartet: Da wären noch die alljährliche Führerscheinsteuer, die Müllsteuer, die Pfortensteuer und die Mietvertrag-Registrierungssteuer, die jedes Jahr aufs Neue fällig wird, auch wenn der Mietvertrag schon seit Jahren und Jahrzehnten registriert ist. Aber Mietverträge sind ein Thema für sich, wie ich bald erfahre.

November

Die erste Krise

Drei Wollpullis übereinander, Schal um und Mütze auf, sitze ich am Computer und schreibe meine Reportage über die Toskana. Mein Atem treibt weiße Wölkchen in den Raum. Über Nacht ist das Quecksilber um zwanzig Grad gefallen, vom Sandalenwetter zum Nachtfrost. Heute früh lag ein Schimmer von Raureif auf den Hügeln. Würde dieses Klima nur das Außen betreffen, wäre es halb so wild, aber leider erstreckt es sich bis ins Innere meiner *limonaia*. Zitronen- und Orangenbäume mögen diese klimatischen Verhältnisse zum Überwintern genügen, mir aber nicht!

Die Außenwände sind gerade mal zehn Zentimeter dick, die Fensterfronten einfach verglast, der Terracottaboden nicht unterkellert. Keine Tür, kein Fenster ist dicht, überall zieht es durch die Ritzen. Die natürliche Belüftung sorgt dafür, dass sich die Innentemperatur stetig der der umgebenden Natur angleicht: Zwölf Grad misst das Thermometer auf meinem Schreibtisch.

Meine Füße sind längst Eisklötze. Da helfen weder dicke Winterstiefel noch drei Paar Wollsocken und nicht mal der Stapel ausgelesener *Repubblica*-Zeitungen, die ich als provisorische Wärmedämmung unter meinen Füßen platziert habe. Meine Finger sind so steifgefroren, dass ich nur mühsam die Buchstaben auf der Tastatur treffe. In Abständen von Minuten entfroste ich die Hände zwischen den Oberschenkeln oder an einer heißen Tasse Tee, die allerdings schneller abkühlt, als ich sie trinken kann. Hätte ich bloß meinen Skianzug und die Moonboots aus Hamburg mitgebracht!

Ich hatte meine Planung ohne den *tramontana* gemacht, den eiskalten Wind, der steif aus Norden heranpfeift. Ich hatte sie mit einer Heizung gemacht, die anspringt, wenn man sie aufdreht, und einem Vermieter, der nicht beim kleinsten Problem untertaucht. Seit er vor zwei Monaten die Lücke in meiner Küchenzeile mit einer Waschmaschine füllen wollte, ist er unauffindbar, geht weder ans Telefon noch an die Haustür, und ich wasche weiterhin jede Socke per Hand. Auch der Briefkasten, den er mir zum Einzug anbringen wollte, lässt auf sich warten. Meine Korrespondenz landet stattdessen in den Kästen der Nachbarn, die sich ihrer auf dem Kiesweg der Einfahrt entledigen.

Als ich meinen Villenprinzen einmal zufällig im Garten treffe, zuckt er mit der Schulter und verkündet: „Habe grad kein Geld. Die *lavatrice,* Waschmaschine, kommt nächsten Monat." Allmählich habe ich verstanden, dass damit eine ferne Zukunft gemeint ist. Genauso wie *domani* präzise übersetzt zwar „morgen" heißt, aber eigentlich nur bedeutet, dass „heute" nichts mehr passiert!

Hätte ich wenigstens Holz für den Kamin. Aber woher nehmen? In einem Balanceakt auf dem Motorroller herbeikarren? Für so ein Experiment ist keine Zeit: In Hamburg wartet die Redaktion auf meinen Text. Ich beiße die Zähne zusammen, denke ans letzte Sonnenbad am Mittelmeer und tippe weiter.

Selbst die warmen Gedanken tauen mich nicht auf. Das schafft erst Giulio mit einem Feuer im Kamin. Das Holz besorgt er sich abends im Dunkeln vom Stapel meines Vermieters. Unser Nachtlager schlagen wir direkt vor der Feuerstelle auf, die einzigen warmen vier Quadratmeter in der ganzen Hütte. Allerdings lümmeln wir uns nicht romantisch auf dem Bärenfell, sondern dick eingemummelt in Jogginganzug, Wollsocken und Schal, mit Decken umhüllt auf der Klappcouch.

Am nächsten Morgen rieche ich wie ein Räucherschinken. Leider ist das der einzige Effekt, den das Feuer hinterlassen hat. Meine zweite Wärmequelle, Giulio, ist auch schon versiegt. Im Morgengrauen ist er fort zu seinem Job im wohltemperierten Museum. Meine Wohnung gleicht hingegen dem Innenleben eines Kühlschrankes. Acht Grad: genau richtig, um Gemüse und Milch frisch zu halten, aber der Exodus für meine grauen Zellen. Wie soll ich bloß einen zweiten Frosttag am Computer durchstehen?

Es klopft an meiner Glastür. Durch den dünnen wollweißen Vorhang erkenne ich einen Schatten.

„*Chi è?* Wer ist da?“, frage ich laut.

„*Massimiliano!*“ Mein Vermieter! Und ich liege noch im Bett!

„*Un momento!*“, rufe ich, springe aus dem Bett, rase ins Bad, schaue in den Spiegel. Katastrophe. Was als Erstes tun? Haare kämmen, Zahnpasta in den Mund, einmal gurgeln, ausspucken. „*Un momento solo.*“ Eine Jeans über die Jogginghose, Turnschuhe über die Nachtsocken, zwei Pullis über die T-Shirts. Einen Schal um den Hals. Und einen Spritzer Parfum obendrüber. Fertig.

„*Buongiorno*. Komm rein! Schnell, sonst wird's kalt“, witzle ich.

Unsicher schaut er zu Boden. Er sei nur schnell gekommen, um meine Heizung anzuwerfen, verkündet er gehetzt.

„Anwerfen?“ Das hätte er mir auch eher sagen können. „Ja, die Gastherme ist hinterm Haus.“ Er vermeidet jeden Blickkontakt. Es hat sich ausgeflirtet. Heute ist Massimiliano mein Vermieter, sonst nichts! Auf einem Trampelpfad führt er mich zur Rückseite meiner Steinhütte, zeigt auf ein wackeliges Metalltürchen, dahinter der Zähler. Zwei Meter weiter ein weißer Kasten: die Gastherme. Er dreht den Schalter auf das Heizungssymbol.

„Was kostet das pro Monat?“, frage ich, denn Anna hatte mich gewarnt, dass die Gaspreise außerhalb der Stadt gesalzen sind.

„*Dipende.* Hängt davon ab, wie viel du heizt.“

„Ich habe gehört, das können schon mal fünfhundert Euro pro Monat werden?“

„Das erscheint mir etwas übertrieben.“

„Was wäre denn ein normaler Preis?“

„Müsste ich mal in alten Rechnungen nachschauen. Aber jetzt hab ich’s eilig. *A presto.*“ Schon ist er davon.

Skeptisch notiere ich die Ziffern auf dem Zähler und lese sie jede Stunde aufs Neue ab. Die Zahlen rauschen nur so durch, aber die Temperatur in meiner *limonaia* steigt nicht proportional. Am Ende des Tages sind’s 15 Grad, bei einem Gasverbrauch von 30 Euro. Das macht im Monat 900 Euro. Unmöglich! Plus die 600 Euro Miete sind das 1500 Euro, für ein lauwarmes Zweizimmerhäuschen. Die Alternative wäre: bei acht bis zwölf Grad zu überwintern, monatelang auf einer feuchten Matratze zu schlafen und in klammen Kleidern am Computer zu sitzen, um 900 Euro zu sparen.

Ratlos flüchte ich in meine Lieblingsbar, das *Cabiria* auf der Piazza Santo Spirito, und tanke dort etwas menschliche Wärme.

„*Ciao Bella*, hallo Süße“, begrüßt mich Angela, die Köchin, die gerade ihr köstliches *pranzo*, ihr Mittagsmenü, auf der Theke dekoriert: *Cous Cous con le verdure* (Hartweizengrieß mit Gemüse), *Penne agli asparagi* (Nudeln mit Spargel), *Bruschetta con caprino, miele e noci* (Ziegenkäse, Honig und Nüsse auf Knusperweißbrot).

Hinter dem Tresen trällern eine Mulattin und eine blondierte Kellnerin die Rocksongs, die aus den Boxen dröhnen. Singend bedienen sie die Gäste. An den vergilbten Wänden hängen Fotos von Künstlern aus der Nachbarschaft. In der Ecke bietet ein schwarzes Brett Zimmer in WGs, Mal- und

Yogakurse an. Eine Band sucht eine Sängerin, jemand verkauft ein Fahrrad, einen PC.

Nichts ist im *Cabiria* auf Hochganz poliert – nur die schrankkoffergroße Espressomaschine, das Herzstück einer jeden *bar*, die sonst überall auf der Welt *Café* heißt. Die Brandlöcher auf dem Holztresen erzählen von den wilden Festen, die nächtens im *Cabiria* steigen. Wenn in jeder normalen Bar abends um sieben die Metalljalousien ratternd fallen, tritt hier die zweite Schicht an, dreht die Rocksongs lauter und schenkt statt *caffè* Cocktails aus.

Ich wickle den Schal ab, ziehe die Jacke aus, öffne die Daunenweste und bestelle einen *cappuccino*. In manch anderer *bar* muss man vorher bezahlen und mit dem *scontrino* – dem Kassenbon – dem *barista* – dem Barmann – unter der Nase wedeln. Das *Cabiria* setzt, wie die meisten Hausbars, auf Vertrauen. Jeder isst und trinkt, so viel er will, geht irgendwann zur Kasse, betet runter, was er hatte, und zahlt somit nur das, was er dem Kassierer mitteilt.

Die Kaffeebohnen raspeln lautstark durch die Mühle. Der herbsüße Duft der Arabica-Bohnen steigt mir in die Nase. Angela platziert, quasi als Vorhut für meinen *cappuccino*, eine Untertasse mit Löffel vor mir auf dem Tresen. Damit ist die Bestellung bestätigt. Die kastanienbraune Flüssigkeit tropft in die Tasse. In einem Chromtopf transformiert sie die frische Vollmilch mit Wasserdampf in ein steifes Mützchen, das dem *cappuccino* seinen italienischen Namen gibt.

Ein echter Italiener bevorzugt den Espresso, den er schlicht *caffè* nennt. Er muss sehr heiß, klein und schwarz sein, hat aber Tausende von Varianten: vom starken *caffè stretto* und dem doppelten *caffè doppio* bis hin zum verlängerten *caffè lungo* und dem verwässerten *caffè americano*. An kühlen Wintertagen kommt ein Schuss Hochprozentiger hinein, und das heißt dann *caffè corretto*. Größter Beliebheit erfreut sich der *caffè macchiato*, der mit einem Tropfen Milch „befleckt“ ist.

Nicht zu verwechseln mit dem in Deutschland beliebten *latte macchiato,* dem großen Glas Milch mit dem „Fleck" Espresso. Kein erwachsener Italiener würde das je anrühren: Milch ist hier nur was für Kinder und Schwangere und nach *mezzogiorno,* zwölf Uhr mittags, ist sie sowieso tabu, genauso wie nach dem Essen, denn Milch blockiert die Verdauung.

In welcher Variante auch immer: Der *caffè* macht süchtig. Nicht nur zum Frühstück und nach dem Essen braucht der Italiener seine *spinta,* den Koffeinschub, sondern immer dann, wenn sein Koffein-Level zu stark abgesunken ist. Außerdem findet er noch zig weitere Gründe für seinen Besuch in der *bar.* Er will für fünf Minuten seinen Laden schließen, den neuesten Tratsch austauschen, über das letzte Fußballmatch diskutieren oder er hinterlegt für einen Freund einen Schlüssel.

Die *bar* ist der soziale Mittelpunkt eines jeden Häuserblocks, deshalb hat jede Straße mindestens eine und jeder Italiener seine Lieblings-*bar.* Zu meiner habe ich das *Cabiria* auserkoren. Nur zu gern würde ich mich an einem der Tische mit meinem Laptop niederlassen. Aber die italienische *bar* ist eben kein gemütliches Kaffeehaus. Generell sind die Italiener zwar Genießer, aber in der *bar* muss es schnell gehen. Bestellen, drei Sätze plaudern – egal ob mit der Omi von nebenan, dem Professor aus dem Nachbarhaus oder dem Straßenfeger, der gerade Pause macht –, im Stehen den *caffè* auf ex wegkippen, nebenbei die Zeitung überfliegen, 80 Cent auf den Tresen legen und raus. In weniger als fünf Minuten ist alles erledigt, inklusive Frühstück mit *cornetto,* Blätterteighörnchen.

Nach dem Cappuccino mache auch ich mich wieder auf den Weg und suche in Florenz nach Hilfsmitteln, die mir mein Leben erwärmen könnten. Auf dem Wochenmarkt von *Santo Spirito* kaufe ich zwei Norwegerpullis für je zehn Euro. Im *Borgo San Lorenzo* finde ich mit dickem Fell gefütterte Winterstiefel, *made in Romania.* Hinter dem Markt von *San*

Lorenzo staube ich drei hölzerne Obstkisten ab, denn Giulio hatte erklärt: „Die brennen besonders gut."

Trotz kältetrotzender Maßnahmen zieht es mich abends nicht nach Hause, sondern in Giulios Wohnung im Zentrum. Zwar hat auch die keine Heizung, aber klirrend kalt ist es dort nie, denn das Apartment liegt im zweiten Stock mit Südlage: Von unten wärmt eine Pizzeria, das Südfenster bringt einige Grad und das kochende Nudelwasser sowie unsere Körperwärme ein paar weitere, denn sein Zuhause hat gerade mal die Größe eines Wohnwagens.

„Nein, nicht anschalten!", ruft Giulio panisch, als ich den Warmwasserbeuler für die Dusche aktivieren will, „die Nudeln stehen auf dem Herd!" – Jedes Mal vergesse ich, dass in Giulios Heim immer nur ein Elektrogerät aufs Mal laufen darf, sonst gibt's aus Überlastung einen Blackout fürs ganze Haus. Wer aber denkt schon beim Föhnen daran, vorher das Radio abzuschalten? Wer entscheidet sich in der Sommerhitze gern zwischen Computer und Ventilator oder morgens zwischen Herdplatte und Wasserkocher? Gelegentlich hole ich mir auch einen Stromstoß, wenn ich mit nassen Händen den Wasserhahn aufdrehe. Die komplette Elektroinstallation ist marode, hat weder Sicherungen noch Erdung.

„Wann suchst du dir endlich eine richtige Wohnung?", drängele ich ihn regelmäßig. Unvorstellbar, wie jemand sechs Jahre lang in einem Loch wie diesem hausen kann. Das, was er Küche nennt, besteht aus einem Schrank, in den zwei Herdplatten und ein verschwindend kleines Waschbecken montiert sind. Das Badezimmer ist eine Nasszelle von anderthalb gefliesten Quadratmetern mit rostigem Duschkopf unter der Decke, einem Abfluss im Boden und einem Klo, das bei jedem Duschgang überschwemmt wird.

„Für 365 Euro im Monat finde ich in Florenz eben nichts anderes! Da gibt's nicht mal ein WG-Zimmer. Einzimmerwohnungen kosten 750 Euro und mehr. Ich verdiene nur 800!"

„Und wie machen das die anderen?“

„Die wohnen noch bei ihren Eltern oder teilen sich mit jemandem ein WG-Zimmer. Bevor ich das Apartment gefunden habe, hatte ich nie meine eigenen vier Wände und bin mindestens ein Mal im Jahr umgezogen. Dazu habe ich keine Lust mehr! Ich bin 39!“

„Es muss doch eine Mietpreisbindung geben!? Mieterschutz?“

„Gab es mal, aber das hat alles noch verschlimmert.“

„Das kann doch nicht sein!“

„Doch! Aus Angst, die Mieter nie mehr loszuwerden, haben die Reichen ihre Wohnungen leer stehen lassen. Das führte zu einem riesigen Schwarzmarkt mit horrenden Preisen. Auf einen Schlag hast du das Doppelte bezahlt und hattest nicht mal einen Mietvertrag und keine Rechte mehr.“

„Da ist niemand eingeschritten?“

„Du kannst doch keinen zwingen, seine Wohnung zu vermieten! Als das Gesetz dann abgeschafft wurde, blieben die Mieten hoch.“

„Und warum zahle ich für ein ganzes Häuschen *nur* 600 Euro?“

„Weil du die Miete schwarz zahlst und im Sommer raus musst, da vermietet Massimiliano an Touristen und kassiert das Vierfache.“

Das kann ja noch heiter werden, wenn unsere Probemonate um sind und wir uns auf die Suche nach einer gemeinsamen Bleibe machen müssen. Aber vorerst können wir unsere Häupter ja noch in Giulios Wohnschachtel betten. Dafür müssen wir allerdings Tisch und Stühle zusammenklappen; nur so ist auf dem Boden genug Platz für die Matratze, die tagsüber an der Wand lehnt.

Ein ohrenbetäubendes Dröhnen reißt mich plötzlich aus dem Schlaf. Es ist noch dunkel. Ich springe auf und schaue aus dem Fenster. Auf der kleinen *piazza* unterhalb des Hauses rangieren drei Lastwagen. Ab halb fünf Uhr beliefern die Lkws den *Mercato Centrale*. Geräuschvoll laden sie die Paletten mit Obst, Gemüse, Fisch und Fleisch ab. Kaum sind sie in der Markthalle verstaut, knattern die ersten Bar- und Restaurantbesitzer mit ihren Dreirädern heran und decken sich laut singend fürs Tagesgeschäft ein. Danach brummt die Stadtreinigung mit ihren Putzfahrzeugen über den Platz und leert die Glascontainer. In dieser Stadt scheint eine normale Wohnung zu einem akzeptablen Preis ein Ding der Unmöglichkeit zu sein. Vielleicht kommt meine Hütte dem doch am nächsten. Wenn sie bloß warm zu bekommen wäre!

Bevor ich den nächsten Versuch starte, will ich wenigstens vom *Mercato Centrale* profitieren. Durch jugendstilverschnörkelte Schmiedeeisentore trete ich in die über hundertdreißig Jahre alten Markthallen, die nach Pariser Vorbild erbaut wurden. Die kleinen Stände sind übervoll von Köstlichkeiten aus dem ganzen Land. Oliven schwimmen in wannengroßen Schüsseln. Der toskanische Schafskäse *pecorino* türmt sich in allen Altersklassen als Käseräder in den Auslagen. Getrocknete Tomaten und Chili füllen Leinensäcke. Von Feigen bis zu frischen Forellen, von Wein bis zu ganzen Wildschweinen ist hier alles zu haben.

Eine schwere Eisentreppe führt zum Obst und Gemüse in den ersten Stock. Frische, untertassengroße Steinpilze bilden erdfarbene Berge. Kohlköpfe stapeln sich zu malerischen Pyramiden. Eine Gemüsefrau mit wettergegerbtem Gesicht gibt einer Studentin Kochtipps für einen Kürbis. Bestimmt kann sie auch mir mit einem Rezept aushelfen: für die *ribollita*, den typischen Florentiner Bohneneintopf, der übersetzt „Wiederaufgekochtes“ heißt. Der soll richtig durchwärmen und viel Kraft geben.

„*Buongiorno*, ich hätte gern alles, was in eine *ribollita* gehört.“

Die groben Hände der Marktfrau greifen nach Möhren, Sellerie, Tomaten, Lauch und Rotkohl. Wortlos stopft sie alles in eine Tüte.

„Hast du Zwiebeln und Knoblauch zu Hause?“, fragt sie.

Ich nicke.

„Die kommen zuerst in die Pfanne. Mit Öl. Dann das andere Grünzeug.“ Sie deutet auf die Tüte und reicht sie mir.

„Salzen, pfeffern, die *fagioli*, die Bohnen drauf und sofort Wasser dazu, dann alles mit gekochtem Schinken abdecken. *Hai capito?*“

„Sì! *E dopo?* Ja, und weiter?“

„Später die Hälfte der gekochten Bohnen durch ein Sieb drücken und zurück in den Topf, dann erst den Rotkohl dazu. Öl, Knoblauch, Rosmarin und Thymian in eine andere Pfanne ...“

Sie bückt sich, zieht ein Bündel Kräuter aus dem Eimer unterm Tresen hervor, bricht einen Rosmarinzweig ab und reicht ihn mir.

„Thymian hab ich gerade nicht frisch, nimm getrockneten. Zum Schluss Brotscheiben rösten und mit Knoblauch abreiben, die legst du auf einen tiefen Teller, gießt den Eintopf drauf und oben drüber ordentlich Parmesan ... *a posto?* Hast du alles?“

Ich nicke. Diese Marktfrau ist besser als jedes Kochbuch.

Jetzt muss ich nur noch meine vier Einkaufstüten mit Grünzeug, Nudeln, Wein, Brot, Klopapier auf dem *motorino* zu meiner Hütte manövrieren. Aber wie? Eine Tüte stopfe ich in die Sitzbank. Eine stelle ich zu meinen Füßen aufs Trittbrett, zwei hänge ich an den Lenker. Nein! So kann ich kein Gas geben. Also türme ich die zwei Taschen auf die erste vor mir und klemme den ganzen Tütenberg zwischen meinen Beinen und dem Lenker ein. Jetzt sehe ich so aus wie all die Italiener, von denen ich immer meinte, sie transportierten ihren ganzen Hausstand auf dem Zweirad. Neben ihren Einkäufen fahren sie auf dem Trittbrett Koffer, Leitern, Fensterscheiben, Motorsägen, ja sogar Kinder und Hunde umher.

Auf dem Weg zu meiner *limonaia* wartet nur noch ein Hindernis auf mich: die Altstadt mit ihrem Labyrinth aus Einbahnstraßen, in denen ich mich ständig beim Durchqueren verheddere. Habe ich mich in einem engen *vicolo* oder *borgo* festgefahren, tue ich es in der Regel dem *motorino*-Fahrer vor mir nach: biege wie er unerlaubt irgendwo ab oder schiebe ein Stück durch eine Fußgängerzone.

In der *Via del Presto di San Martino* finde ich mich allerdings vor einem noch nie dagewesenen Problem: Gestern war exakt diese Straße noch Einbahnstraße in die andere Richtung. Was nun? Alle Parallelstraßen führen zurück ins Zentrum. Einen anderen Weg nach Hause als diese Straße kenne ich nicht. Bei ungewöhnlichen Problemen kommen einem ungewöhnliche Gedanken: Sollte ich die paar Meter, 150 vielleicht, gegen den Strich einfach fahren?

Plötzlich eine Trillerpfeile, eine Kelle.

„*Ma cosa fa?* Aber was machen Sie da?“, fragt mich eine Verkehrspolizistin in meinem Alter im blauen, langen Mantel.

„*Perchè?* Warum?“, stottere ich.

„*Questo è un senso unico*! Das ist eine Einbahnstraße!“

„Ja?!“

„*Non l'ha visto?* Haben Sie das nicht gesehen?“

„Ich weiß nicht, gestern war die noch andersherum.“

„*Sì*! Aber heute nicht!“

„*Mi scusi tanto*“, sage ich, schaue sie wie ein geprügeltes Hündlein an und verspreche, nächstes Mal besser aufzupassen. Sie straft mich mit ihrem Blick. Ich schaue noch mal demütig. Sie lässt ihre Kelle sinken und gibt mich mit einem Kopfnicken frei. Mit diesem Spiel hat sie ihr Gesicht gewahrt, eine *bella figura* als Polizistin gemacht, und ich bin mit einem Schrecken davon gekommen.

Zuhause stopfe ich als Erstes die Holzkisten in den Kamin, zünde sie an und platziere meinen Schreibtisch direkt davor. Im Nu messe ich 15 Grad vor meinem Computer. Triumphierend verschwinde ich in die Küche, um mir einen Tee zu kochen. Plötzlich dringt Rauch aus dem Wohnzimmer. Um Himmels willen, was ist los? Eine dicke Qualmwolke quillt aus der Kaminhaube. Da ist ein Riss im Mauerwerk! Einen halben Meter lang und tief wie mein Daumen. Der Rauch, der durch den Schornstein ins Freie ziehen sollte, wabert stattdessen durch meine Hütte. Eilig fülle ich einen Eimer mit Wasser und lösche das Feuer. Wozu habe ich bloß dieses Haus, wenn es unbewohnbar ist? Entmutigt greife ich meinen Laptop und steige auf den Roller. Zu allem Überfluss springt er nicht an.

„*Motorini* sind sensible Wesen, speziell im Winter", meint Giulio am Telefon, „es hat bestimmt gespürt, dass du zu aufgewühlt zum Fahren bist."

„Dann nehme ich eben den Bus und komme zu dir. Ich halte es in meiner Hütte nicht mehr aus. Diese Kälte überlebe ich nicht!"

„Hast du vergessen, dass heute *sciopero*, Busstreik, ist?!"

Klar weiß ich, dass diese verdammten Busse seit Wochen mittwochs nicht fahren und manchmal freitags auch nicht. Aber ich kann ja nicht immer an alles denken. Ich bin es eben gewohnt, dass alles funktioniert und dass ich mich nicht um irgendwelche Streikfahrpläne kümmern muss. Ist das Leben nicht kompliziert genug?

Ob nun Fluglotsen oder Journalisten, Bahnfahrer oder Einzelhändler, Krankenhauspersonal oder Lehrer, Museumsaufseher oder Bibliothekare, Post- oder Bankangestellte, selbst die Beamten der Nummernschildvergabe und der Blutabnahmestelle legen die Arbeit regelmäßig nieder. Selbst Bankautomaten spucken manchmal tagelang kein Geld aus. Dabei erscheint der italienische *sciopero* völlig sinnentleert. Ich kenne zumindest keinen Fall, in dem ein aktueller Streik irgendetwas verändert hätte. Mit einer Ausnahme: Der 77-jährige Marco Pannella, der Gründer der Radikalen Partei, tritt mit Vergnügen – und oft auch mit Erfolg – in den Hungerstreik, wenn das Parlament mal wieder eine Dummheit plant.

Giulio lässt das Chaos unbeeindruckt. Als wäre es selbstverständlich, wandert er zu Fuß durch ganz Florenz, den Poggio Imperiale hinauf und steht anderthalb Stunden später durchnässt vor meiner Tür. Freudestrahlend zieht er einen elektrischen Heizlüfter aus einer Plastiktüte. Am nächsten Tag schiebt er mein *motorino* drei Kilometer weit in eine Werkstatt und ist nach vier Stunden mit einem Sack feuerfestem Zement für meinen Kamin zurück. Es gibt eben für alles eine Lösung. Überhaupt ist alles eine Sache der Perspektive. Es könnte ja noch schlimmer kommen.

Nur bitte nicht jetzt, wo meine erste Qigongschülerin an der Tür klopft. Ich öffne. Vor mir steht eine Brünette mit polangen Haaren, pummelig und gut gelaunt: Barbara. Sofort entschuldige ich mich bei ihr für die frostigen Temperaturen. Sie wiegelt ab:

„Das Problem kenne ich. Ich wohne in einem *fondo*."

„Ein *fondo*? Ist das nicht ein Lagerraum?"

„Ja, ohne Fenster und ohne Heizung", sagt sie.

Ohne Umschweife erzählt sie mir, wie sie an diese Wohnung kam. Sie träumte von einer Karriere als Opernsängerin, ihr Freund Maurizio wollte Maler werden. Um ihre Träume zu verwirklichen, musste eine eigene Wohnung her. Unterstützung vom Staat gab es nicht, ihre Eltern wollten nicht helfen, deshalb jobbt Barbara als Putzfrau und Maurizio als Erntehelfer. Das Geld reicht knapp, um den *fondo* zu mieten (350 Euro) und um zu überleben. Vielleicht müsse wahres Glück teuer erkauft werden, resümiert Barbara.

Wie kann ich bloß über meine *limonaia* jammern? Gegen einen *fondo* bleibt mein Häuschen ein Paradies. Sogar wenn es kalt ist. Am liebsten würde ich Barbara zu meiner Qigongstunde einladen. Aber sie besteht auf korrekter Bezahlung. Ein Sonderpreis wäre nur okay, wenn sie mir im Gegenzug Nachhilfestunden in italienischer Konversation erteilen dürfe. *Perfetto*, denn meine Sprachkenntnisse sind ohnehin rudimentär. Fünf Mal habe ich in Deutschland einen Anfängerkurs besucht. Erst als ich mich in Giulio verliebte, intensivierten sich meine Anstrengungen. Im Nu lernte ich mich zu verständigen, aber mein Stil blieb verbesserungswürdig. Bis heute nutze ich nur zwei der siebzehn existenten Verbformen. Demnach bleibt mir bei manch einem Zeitungsartikel bloß das Raten und bei hochtrabenden Diskussionen nichts anderes, als bei meinem Gegenüber Gedanken zu lesen.

Meine gröbsten Schnitzer hält Giulio zu seiner Belustigung auf einer Tafel fest, die er in die Küche gehängt hat. Tagelang amüsierte er sich, als ich mein *mento* (Kinn) als *menta* (Pfefferminze) bezeichnete oder unter einen meiner Texte schrieb: *Tutti delitti da Andrea Thiele* (alle Verbrechen von A. T.) anstatt *Tutti diritti da Andrea Thiele* (alle Rechte bei A. T.).

Mit Barbaras geheimen Privatstunden werde ich ihm bald die Stirn bieten. Um mir Blamagen beim Unterrichten zu ersparen, stocken wir als Erstes meinen Wortschatz um qigongtaugliche Worte auf – wie *ombelico* (Bauchnabel), *palma* (Handflächen) und *pianta* (Fußsohle). Nie hätte ich erraten, dass es sich bei *la tuta*, wörtlich übersetzt „das Ganze", um einen Jogginganzug handelt.

Als Barbara geht, rät sie mir, künftig an kalten Tagen in den öffentlichen Bibliotheken zu schreiben: „Nächstes Mal bringe ich ein Adressenverzeichnis mit. Bis dahin: *In bocca al lupo per tutto*!"

„‚In das Maul des Wolfes???' Verstehe ich nicht!"

„Das sagt man so, wenn man jemanden Glück wünscht. Darauf muss du antworten: *Crepi il lupo!* Der Wolf krepiere! Und es wird mit Sicherheit alles glattgehen."

Dezember

La mia famiglia

Ein Job befreit mich aus meiner Tiefkühltruhe: Eine Redaktion schickt mich nach Siena, um ein Fünfsternehotel zu testen. Solch überaus notwendige Überprüfung muss ich natürlich sofort vornehmen und mache mich am nächsten Morgen auf den Weg in die 54 000-Einwohner-Stadt. Vor dem Zugfenster rauschen die Hügel der Sieneser Crete vorüber, umhüllt von Nebelschleiern. Die Sonne drückt die Schwaden tiefer in die Täler, weit weg vom azurblauen Himmel.

Nur wer in diesem Dunst gelebt hat, weiß, dass der Nebel nichts mit Romantik zu tun hat, sondern mit Feuchtigkeit, die durch alle Ritzen bis in die Knochen dringt, den alten Menschen Rheuma beschert, kleinen Kindern Bronchitis und selbst die beste Gesundheit auf eine harte Probe stellt. Glücklicherweise liegt Siena trocken auf drei Hügeln und ist fast ausschließlich aus Stein erbaut.

Kaum trete ich durch *Porta Camollia,* stehe ich im späten Mittelalter. Auf Schritt und Tritt gotische Paläste aus roten *mattoni,* Backsteinen. Jedes Türportal, jeder Fensterbogen ist fein, fast orientalisch verziert und erzählt vom Reichtum, in dem die Stadt vor sechshundert Jahren schwelgte. Zu gern stellten damals die Bankiers und Handelsleute ihren Wohlstand zur Schau. Besonders den Florentinern gegenüber, mit denen sie stets in Konkurrenz standen.

Über das grobe Pflaster spaziere ich weiter bis zum *campo.* Muschelförmig liegt der Rathausplatz vor mir. Ich verschnaufe auf dem Rand des großen Marmorbrunnens, der *fonte di gaia.* Steinerne Wölfe, die Wappentiere Sienas, speien

Wasser ins Becken – und das schon seit fast sechshundert Jahren. Gegenüber zieht der weiß-rote Glockenturm meinen Blick bis in den kornblumenblauen Himmel. 102 Meter hoch. Der Glöckner soll so faul gewesen sein, dass man ihn *Mangiaguadagni*, Lohnfresser, nannte und der Turm bis heute *torre del mangia*, Turm des Fressers, heißt. Wenn es etwas zu verkünden gab, ertönten seine Glocken und die Menschen strömten über die elf Gassen, die sternförmig auf dem *campo* zusammenlaufen, auf das gepflasterte Halbrund vor dem Rathaus.

Heute treibt es die Sienesen nur noch zwei Mal im Jahr gemeinsam auf den *campo*: am 2. Juli und 16. August, zum Palio, dem traditionellen Pferderennen rund um den Platz. Mir erscheint die *piazza* viel zu eng und abschüssig für einen wilden Galopp, aber die vierhundertjährige Tradition beweist das Gegenteil.

„*Ciao Andrea*! Was machst du hier?", ruft eine mir bekannte Stimme. Winkend stürmt Katia aus dem Bioladen auf mich zu.

„Und du?", frage ich verwundert.

„Ich besuche meine Mutter. Wusstest du nicht, dass ich aus Siena komme?!" Sie hakt mich unter und besteht darauf, mich in ihre Lieblings*bar* einzuladen. Mit der Sicherheit einer Einheimischen wählt sie die richtige der elf Straßen, die vom *campo* wegführen: die *Via Banchi di Sopra*. Vorbei an edlen Designershops wandern wir die Einkaufsstraße hinauf. Kein Auto, kein Roller fährt an uns vorüber, denn Sienas Altstadt ist bereits seit 1959 autofrei.

„Hier gibt's die besten *dolci*", verkündet Katia und schiebt mich in die *Pasticceria Conca d'Oro*. Ein älterer Herr hält uns die Art-Deco-Glastür auf. Der Duft frisch gemahlenen Kaffees weht uns entgegen. Die gerösteten Bohnen lagern in nostalgischen Holzschütten hinterm Tresen. Mit Ornamenten geschliffene Spiegel zieren die Wände. Darüber prangt ein Schild: *dal*

1931, gegründet 1931. Aus der chromgerahmten Glasauslage flirten die berühmten Sieneser *dolci* mit mir. Katia bestellt einige süße Kostproben und dazu zwei *cappuccini*. Sie lotst mich an einen der Holztische und schiebt mir ein Stück erdbraunen *panforte* rüber. Dieses „starke Brot" ist eine köstlich klebrige Kalorienbombe aus kandierten Früchten, überzogen mit Puderzucker.

„Eine uralte Sieneser Spezialität. Die Nanninis exportieren sie sogar bis nach Japan, Schweden, Indonesien."

„Die Nanninis?"

„Ja, der Opa der Sängerin Gianna Nannini hat die Konditorei gegründet; heute führt sie ihr Bruder Alessandro, ein ehemaliger Rennfahrer."

Ich beiße in die *ricciarelli:* „Hmmm, das sind ja Mandelkipferl! Mit Pinienkernen? Großartig!"

„Sogar die Florentiner essen unsere Sieneser *dolci* lieber als ihre eigenen. Bei den süßen Sachen ist die alte Feindschaft vergessen."

Dabei hat der Hass zwischen Florentinern und Sienesen eine uralte Tradition. Schon im Mittelalter, als die Toskana noch aus einem Haufen rivalisierender und sich bekriegender Fürstentümer bestand, waren die beiden Städte die ärgsten Feinde. Daran konnte nicht mal König Vittorio Emanuele etwas ändern, als er 1861 Italien vereinte. Damals hieß es: „*L'Italia è fatta, ora dobbiamo fare gli italiani*. Italien ist geschaffen, jetzt müssen wir die Italiener schaffen." Das ist bis heute niemandem gelungen.

Kein Italiener fühlt sich als Italiener, er fühlt sich als Sarde, als Sizilianer, als Tiroler, als Toskaner, oder eben als Sienese oder Florentiner. Und darauf ist er stolz, denn jede Region hat ihre Tradition, ihre Speisen, ihren Dialekt und ihre Mentalität. Charakterisieren sich die Toskaner gegenseitig, lassen sie nie ein gutes Haar am anderen. Die Livornesen sind als Grobiane verschrien, die Aretiner als neureich und die Luccesen als geldgierig. Die Florentiner gelten in ganz Italien als sarkastisch und arrogant.

Bis heute schreiben sie sich auf die Fahnen, dass Genies wie Michelangelo, Leonardo da Vinci, Botticelli, Raffael und Galileo Galilei in ihrer Stadt lebten. Sie bilden sich etwas darauf ein, dass ein Florentiner die erste Oper der Geschichte schrieb, ein anderer Amerika entdeckte und ein weiterer das Telefon erfand. Die Liste könnte über Seiten fortlaufen und würde vermutlich irgendwo bei Pinocchio enden, der in Florenz zum Leben erweckt wurde!

Siena hat weniger zu bieten, trotzdem gelten die Sienesen als das stolzeste Volk Italiens. Katia ist eine Ausnahme: Seit sie in den 80er Jahren in Indien Yoga studierte, sieht sie sich als Europäerin und findet die alten Toskana-Querelen lächerlich. Aus Protest eröffnet sie ihren Bioladen sogar im verfeindeten Florenz. Für ihren Vater eine unerträgliche Vorstellung, er sah die einzige Tochter schon in seinen Fußstapfen und hatte ihr bereits eine Stelle in der ältesten Bank der Welt, in der 1472 eröffneten *Monte dei Paschi di Siena,* beschafft.

Ihre Sieneser Wurzeln hält Katia zumeist im Verborgenen, doch an zwei Tagen im Jahr sind sie unübersehbar: an den Tagen des *Palio,* des Pferderennens durch die Sieneser Altstadt.

„Da schrei ich mir die Seele aus dem Hals", sagt Katia und lacht, „es geht einfach mit mir durch. Dem *Palio* kann sich kein Sieneser entziehen." Denn dieses Pferderennen ist kein folkloristisches Volksfest, sondern eine Sache der Ehre. Nicht der persönlichen Ehre, sondern der des Stadtviertels, der *contrada.* Und die gilt es, mit aller Macht zu verteidigen. Dafür gibt der Sienese sein Geld, sein Herz, selbst seine Familie. Ehefrauen, die in anderen Stadtteilen geboren wurden, kehren in den Tagen des Pferderennens in ihre ursprüngliche *contrada* zurück und helfen dort, die Gastmähler auf den Straßen auszurichten. Die Männer bestechen währenddessen die *fan-*

tini, die Jockeys der Konkurrenz, prügeln sich, üben musikalische Märsche ein und bereiten alles für den Wettkampf vor, in dem zehn der siebzehn Stadtteile gegeneinander antreten.

„In diesen Momenten kann ich sogar meinen Vater verstehen. Ich glaube, er hat mir meinen Verrat an Siena bis zu seinem Tod nicht verziehen. Komm ich zeig dir die Bank, in der er gearbeitet hat!“

Sie springt auf, bezahlt gegen meinen Widerstand die Leckereien und schiebt mich auf die *Via Banchi di Sopra*. Dort reiht sich ein Adelspalast an den nächsten. Im Erdgeschoss funkeln die Lichter in den Schaufenstern. Schuhe, Schmuck und Kleidung reihen sich stilvoll dekoriert aneinander. Weiter oben, auf einer kleinen *piazza,* konkurrieren zwei mächtige Bauten um unsere Aufmerksamkeit: Der gotische *Palazzo Salimbeni* mit den fein verzierten Spitzbögen, der uralte Banksitz der *Monte dei Paschi di Siena,* und gegenüber der mit Wappen und Putten dekorierte Palazzo Gori aus dem 17. Jahrhundert: mein fünfsterniges *Grand Hotel Continental.*

Katia küsst mich links, rechts, links und ruft mir nach: „Schau dir unbedingt noch das unterirdische Hospital *Santa Maria della Scala* und den *duomo* von Siena an!“

Ich gehe durch eine Drehtür ins Foyer und stehe vor einem antiken Eichenholztresen. Ein Kofferjunge mit weißen Handschuhen nimmt sich meinen Rucksack und führt mich in einen Innenhof. Tontöpfe mit vier bis fünf Meter hohen Palmen umgrenzen Sitzecken aus roten Samtsesseln und schwarzen Marmortischen. Zarte Pianoklänge erfüllen den menschenleeren Hof, den ein gläsernes Dach überspannt. Mit meinen hübsch verpackten *dolci* von *Nannini* in der Hand besteige ich einen futuristischen Glasfahrstuhl und lasse mich in den zweiten Stock chauffieren.

Kaum öffne ich die Tür meines Zimmers, sind die Nächte in meinem Tiefkühlhäuschen vergessen: Es ist warm! Die dicken Brokatvorhänge sorgen dafür, dass kein Grad entweicht. Rücklings lasse ich mich aufs Himmelbett fallen. Auf dem Kissen liegt ein Willkommensgruß. Ich glaube, das Hotel wird den Test bestehen.

Zwei Tage später finde ich mich zwischen Studenten in der *lavanderia,* dem Waschsalon, wieder. Während meine Wäsche schleudert, bummle ich durch die weihnachtlichen Gassen von Florenz. Leuchtketten zeichnen die Konturen der Paläste nach. Über den Straßen tanzen Lichter. Auf der *Piazza della Repubblica* dreht sich ein nostalgisches Karussell. Süßlich hängt der Duft der *marroni* in der Luft. An den Straßenecken werden sie an kleinen Ständen über offenem Feuer geröstet. Manch ein Florentiner mag daran denken, wie er die Esskastanien in der Nachkriegszeit zu Pulver rieb und es als Kaffeeersatz aufbrühte.

Plötzlich schlägt mein Herz höher: Figürchen aus dem Erzgebirge, Lebkuchen, Zuckerwatte und Verkäufer, die meine Muttersprache sprechen! Der Weihnachtsmarkt auf der *Piazza Santa Croce* ist aus Deutschland angereist! Überglücklich stöbere ich die Stände nach Altbekanntem durch. Die gebrannten Mandeln schmecken wie auf dem Petrimarkt in Hamburg. Sie erinnern mich an meine glühweingetränkten Spaziergänge mit Freunden, das Schlittschuhlaufen auf der Alster, die winterlichen Saunagänge.

Meine Augen füllen sich mit Tränen. Noch nie hat mich das Heimweh so eiskalt erwischt. Meist quälte mich das Fernweh. Egal, ob ich als Studentin durch Indien radelte oder als Journalistin in Laos, Peru oder Finnland arbeitete: mein Zuhause hatte ich nie vermisst. Damals standen meine Zelte noch in Hamburg. Jetzt stehen sie in Italien. Und plötzlich sehne ich mich sogar nach dem Hamburger Schneechaos. Die Italiener haben ja nicht mal eine Übersetzung für die Heimat, sie nennen es *patria,* Vaterland, oder *casa,* Haus, aus Sehnsucht machen sie eine *nostalgia,* Nostalgie. Wie sollten wir uns tief im Herzen verstehen?

Mein Heimweh gönnt sich einen zweiten Akt, als ich mit dem Berg gewaschener Wäsche in meiner Hütte eintreffe. Vor der Tür liegt ein liebevoll gepacktes Nikolauspaket meiner Mutter: ein Paar Lammfellhausschuhe, eine Skiunterhose, Wollsocken und eine Tüte Glühweingewürz, eine Notfallausrüstung für kalte Tage.

Wimperntuschenverschmiert empfange ich Giulio und er versteht sofort, dass er ein Hilfsprogramm starten muss. Mein Liebster wirft den Gasofen in der Küche an, öffnet die Klappe und setzt mich davor. Er schenkt mir ein Glas Rotwein ein und kocht sein Spezialgericht: *pasta al pomodori*, diesmal mit Tunfisch und Kapern verfeinert. Und weil ich Geschichten so liebe, erzählt er mir die der Nudel: Bereits die Etrusker aßen raffinierte Pastagerichte. Als die Römer in der Toskana einfielen, wurde die Küche simpler und mit den Germanen verarmte sie komplett: Die Nudel verschwand aus diesen Breiten. Nur auf Sizilien überlebte sie. Und als Florenz im 13. Jahrhundert mit ganz Europa zu handeln begann, kehrte die *pasta* aus dem Süden zurück in die Stadt. Nebenbei rührt Giulio im Spaghettitopf; ohne zu probieren, sieht er, ob sie *al dente*, bissfest, sind. Er zieht eine Nudel über die Gabel und erkennt an ihrer Biegsamkeit, wie viele Minuten sie noch braucht.

„Es gibt in Italien über hundert verschiedene Pastasorten", sagt er, „mit verrücktesten Namen wie *farfalle (*Schmetterlinge*), rigatoni (*Gestreifte*), orecchiette (*Öhrchen*), vermicelli (*Würmchen*)*, aber –", er schaut mich an, „was hat dich vorhin eigentlich so aus der Fassung gebracht?"

„Das Nikolausgeschenk meiner Mutter!"

„Ich kenne nur den Heiligen *San Nicola*, der hat mir noch nie was geschenkt!"

„Der Nikolaus ist der Vorbote vom Weihnachtsmann und bringt lieben Kindern am 6. Dezember was Süßes, den Bösen eine Rute."

„Das macht bei uns die Hexe *Befana*, die kommt aber erst am 6. Januar. Nächstes Jahr sollten wir beides feiern! Was meinst du?“

Das Notfallprogramm hat gewirkt und ich erkunde am nächsten Tag die Lesesäle der Stadt. Überrascht stelle ich fest, dass es in Florenz bereits im Jahr 1444 die erste öffentliche Bibliothek Europas gab, sie war Teil des Klosters von San Marco.

Die Konvente waren ohnehin die Orte, an denen Wissen weitergegeben wurde. Kinder, hauptsächlich Jungs, erhielten hinter den Klostermauern ihre Ausbildung in Fächern wie Rhetorik, Grammatik und Mathematik. In diesen Zeiten hatte fast jeder Häuserblock sein eigenes Kloster. Überall in der Stadt entdecke ich noch Kreuzgänge und Kapellen von einst. Heute werden sie als Museen, Schulen, Hotels, Behörden, Uni-Institute und Krankenhäuser genutzt. Aber damals, als in all den *conventi* der Stadt noch Mönche und Nonnen lebten, hatte jedes seine eigene Bibliothek.

Bildung stand bei den Florentiner Adligen und Kaufleuten hoch im Kurs. Sie förderten Kunst und Wissenschaft, finanzierten Universitäten, und im Jahr 1752 eröffnete die Adelsfamilie Marucelli die erste öffentliche Bücherhalle Europas, die keinem Kloster, keiner Uni angehörte: *la Biblioteca Marucelliana*.

Ihr Lesesaal ist seit 250 Jahren unverändert. Der Parkettboden knarrt unter meinen Füssen. Ich suche mir einen Platz an einem der schweren Holztische, die eher großen Tafeln gleichen als Schreibtischen. Die hölzerne Arbeitsfläche ist so uneben, dass ich ein gefaltetes Papier unter eine Ecke meines Laptops klemmen muss, damit er nicht wippt. Der Holzstuhl wackelt ebenfalls. Die mit Samt bezogene Sitzfläche ist ausgesessen. Nichts ist hier ergonomisch aufeinander abgestimmt, dafür schmeichelt jeder Quadratzentimeter der *Biblioteca Marucelliana* dem Auge. Vergilbte Schriften stapeln sich in den Bücherregalen über drei offene Stockwerke bis in die lichtdurchflutete Kuppel. Nur über ein kompliziertes, hölzernes Treppensystem ist es möglich, die alten Folianten einzusehen. Mir genügt der Anblick für meine Inspiration.

Die meisten Schüler und Studenten besuchen den Lesesaal ebenfalls nicht nur zum Studieren. Sie kommen, um dem engen Familienleben zu entfliehen, um Freunde zu treffen, zu plaudern und – wie sollte es anders sein? – um zu flirten. Wer als Frau eine Bekanntschaft sucht, fragt bloß seinen Tischnachbarn mit unschuldigem Augenaufschlag nach einem Anspitzer oder der Uhrzeit und bekommt als Zulage eine Verabredung. Wer ernsthaft studieren will, setzt sich mit den anderen Frauen an einen Tisch.

Tagelang teste ich eine Bibliothek nach der anderen und entdecke hoch erfreut den Zeitschriftenlesesaal der *Biblioteca Comunale di Palagio di Parte Guelfa,* in dem rund fünfzig internationale Zeitschriften ausliegen. Könnte ich mir einen schöneren Ort vorstellen, um im *Spiegel,* der *Zeit* oder der *Times* zu blättern, als das freskengeschmückte Kellergewölbe eines mittelalterlichen Palastes?

Sogar das Arbeitsamt, bei dem ich zu meinem Beratungstermin antreten muss, hat seinen Sitz in einem alten *palazzo.* Im Inneren überwiegt allerdings das nichtssagende Behördengrau. Auf einem Plastikstuhl folge ich der monotonen Stimme eines graugesichtigen Mittvierzigers, der mir eine endlose Liste an Jobs vorliest und nach jedem Angebot auf ein *sì* oder *no* von mir wartet.

„*Agricoltura? Autonoleggio?* Landwirtschaft? Autovermietung? ...“

„Ich bin Kunsthistorikerin, Journalistin! Das wissen Sie doch!“

„Aber Sie haben sicher auch andere Talente!“, zwinkert er.

Bräuchte ich diese Bescheinigung nicht für die Einwanderungsbehörde, wäre ich spätestens jetzt aus der Tür. Nach einer Stunde Tortur lasse ich ihn ein paar Kreuze bei Tourismus machen und fliehe mit dem abgestempelten Zettel. Den lege ich tags drauf in der Einwanderungsbehörde vor. Der eisernen Lady hinterm Panzerglas fällt allerdings ein, dass ich zusätzlich einen Mietvertrag und einen italienischen Wohnsitz vorweisen muss.

Woher nehmen? Dort, wo ich wohne, wohne ich ja offiziell nicht, sonst könnte mein Villenbesitzer die Miete nicht schwarz kassieren. Auch Giulio wohnt schwarz. Vielleicht könnte ich mich bei seiner Schwester anmelden? Anna ist einverstanden. Nur die Meldebehörde meint, das wäre zu leicht. Ich soll für Annas Wohnung eine schwindelerregende Müllsteuer zahlen. Erst dann wird mein Antrag auf Aufenthalt in Italien endgültig genehmigt. Abholdatum: Mitte Februar, fünf Monate nach meiner Einwanderung. Bis dahin bleibe ich ohne Krankenversicherung.

Ein zweiter Schritt in Sachen Immigration folgt zum Weihnachtsfest: die Vorstellung bei Giulios Eltern, den *Santinis. Santi,* das sind die Heiligen, das *ini* verkleinert sie zu „Heiligchen“. Die Florentiner lieben diese Form von Verniedlichung: *Giovannini* (Jüngchen), *Guerrini* (Kämpferchen), *Casini* (Häuschen oder Bordellchen) füllen ganze Telefonbuchseiten.

Ob die Santinis allerdings ihrem reizenden Namen gerecht werden, wird sich zeigen, wenn ich an Heiligabend bei ihnen unangekündigt auf der Matte stehe.

„Ist doch ein prima Überraschungsgeschenk“, meint Giulio.

„Aber Mütter lassen sich ungern die Pläne für ein Festessen durcheinanderbringen“, gebe ich zu bedenken.

„*Non c'è problema*“, meint Giulio, „das sind doch keine Spießer, das sind Alt-68er. Du wirst schon sehen, die sind ganz locker.“

Ausgerüstet mit meinem Paket Sieneser *dolci* marschieren wir eine steile Gasse hinauf, zum *Forte di Belvedere.* An der Festung oberhalb von Florenz angekommen, folgen wir einer Straße, die von Steinmauern gerahmt ist. Dahinter liegen geschützt Landvillen inmitten von Olivenhainen. An einer hutzeligen Kirche biegen wir in einen schmalen Pfad. Zwischen einer vier Meter hohen Lorbeerhecke und einer Hauswand führt der Weg bis auf eine Terrasse mit einem sensationellen Ausblick. Vor uns liegt ein sattes, grünes Tal und am Horizont die Silhouette von Florenz.

In unserem Rücken die Villa, in der Giulios Vater Lapo Santini aufwuchs. Mein Liebster stößt die Tür auf und wir stehen in einem schummerigen Saal mit antiker Möblierung: drei Samtsofas, ein Kronleuchter, Holztische mit Häkeldeckchen, Stehlampen mit Troddeln, Vitrinen gefüllt mit schwerem Silber – 1968 muss in Italien anders verlaufen sein als in Deutschland. Dieser *salotto*, dieses Wohnzimmer, könnte in ein Museum aus dem vergangenen Jahrhundert einziehen.

Mir bleibt nicht viel Zeit zum Staunen, Giulio zieht mich den Flur entlang. Am Ende dringen Stimmen aus einem Raum. Vorsichtig drückt er die Tür auf. Am Herd erkenne ich Anna mit ihren beiden Töchtern. Neben ihr eine grauhaarige Dame um die siebzig im schlichten braunen Hosenanzug, darüber dicker Goldschmuck und eine weiße Rüschenschürze. Giulio schleicht sich von hinten an, hält ihr die Augen zu und küsst sie auf die Wange.

„*Mamma*, ich hab dir was mitgebracht!“, ruft er und dreht sie in meine Richtung. Sara hat mich längst entdeckt, springt auf mich zu und greift nach meiner Hand. In der anderen balanciere ich das Gebäck. Anna nickt mir freundlich zu. Giulios Mutter Amalia lacht, öffnet die Augen und versteinert.

„*Mamma*, das ist Andrea.“

Ich lächle freundlich, sage: „*Buon Natale*. Frohe Weihnachten.“

„*Ma guarda* ..., sieh' an, *una raggazza* mit einem Männernamen", antwortet sie mit spitzem Unterton, „du bist wohl keine Italienerin? *Da dove vieni?* Wo kommst du her?"

„*Da Amburgo*. Aus Hamburg."

Ihre Züge verfinstern sich. Mit kalter Stimme sagt sie: „*Buon Natale*", dreht sich um und kocht weiter.

Da stehe ich nun, mit meinen *dolci* in der Hand. Wusste ich doch, dass diese Überraschung keine gute Idee war! Und jetzt? Am liebsten würde ich auf dem Absatz kehrtmachen. Alle tun, als ob nichts wäre. Und ich? Habe ich was falsch gemacht? Oder ist es das italienische Schwiegermuttersyndrom? Wie angewurzelt stehe ich da. Eine Ewigkeit, bis Sara mir den Kuchen abnimmt. Anna küsst mich, links und rechts, und fragt, wie es mir geht. Was soll ich sagen? Giulio erlöst mich und zieht mich aus der Küche in den Flur.

„Deine Mutter hasst mich", flüstere ich ihm auf dem Gang zu.

„Ach, was! Sie hat eben im Krieg nicht die besten Erfahrungen mit den Deutschen gemacht."

„Und was hat das mit mir zu tun?"

„Das legt sich schon, wenn sie dich erst richtig kennen lernt."

„Ich glaube nicht, dass es dazu kommen wird."

„Komm, wir begrüßen meinen Vater. Der wird sich nicht anmerken lassen, dass er als Partisan gegen die Nazis gekämpft hat."

Lapo Santini sitzt mit einem dicken Buch im Ohrensessel. Seine markanten Wangenknochen und die aristokratische Nase verraten trotz der grauen Haare, dass er einmal ein gutaussehender Mann war und für seine sechsundsiebzig Jahre noch immer ist. In der anderen Zimmerecke hockt ein schlaksiger Junge zwischen den Bücherregalen vor dem Fernseher und schaut die leicht bekleideten Sängerinnen von MTV an. Sollte das Annas Sohn Fabio sein?

Signor Santini hört unsere Schritte und blickt auf. Als er

mich sieht, lächelt er, legt sein Buch beiseite, steht auf und streckt mir seine große, schlanke Hand entgegen. Sein Händedruck ist kräftig.

„Lei, è il motivo! Sie sind also der Grund!", sagt er mit warmer Stimme.

„Il motivo di cosa? Der Grund wofür?", frage ich verwirrt.

„Dafür, dass mein Sohn in letzter Zeit so gut gelaunt ist. Kommen Sie, setzen Sie sich zu mir."

Giulios Vater Lapo ist ein Gentleman: Er fragt mich, wie es mir in Florenz gefällt, was ich beruflich mache, er verrät mir, dass er auch Journalist war und gelegentlich noch Buchkritiken schreibt. Er pafft seine Zigarre, lehnt sich im Sessel zurück und erzählt.

Sara kommt herein und ruft: *„La cena è pronta!* Alle zu Tisch!"

Ihrem Opa drückt sie einen Kuss auf die Wange und lässt sich auf seinen Schoß fallen. Er küsst sie zurück, schiebt sie langsam hoch und steht auf. Giulio schnappt sich Fabio, klemmt ihn in den Schwitzkasten und schleift seinen zappelnden Neffen in die Küche. Sara greift meinen Arm und dirigiert mich zur Weihnachtstafel, die mit antikem Porzellan, Kristallgläsern und silbernen Kerzenleuchtern eingedeckt ist. Auf einer Seite sitzt Lulù zwischen Anna und Fabio, auf der anderen werde ich zwischen Sara und Giulio platziert, an den Stirnseiten nehmen *papà* und *mamma* Santini Platz.

Signora Santini würdigt mich keines Blickes. Ob die anderen das merken?

Anna serviert geröstete Brotschnitten mit einem dunkelbraunen Aufstrich. *„Crostini di fegato"*, erklärt sie.

Fegato, ist das nicht Leber? Ich bin seit neunzehn Jahren Vegetarierin! Wie kann ich das Signora Santini am Heiligen Abend erklären? Oder sollte ich den Happen einfach runterwürgen? Innereien ekelten mich schon als Kind an. Womöglich lösen sie einen Würgereiz aus.

Giulio schmeckt es prima. Den anderen auch. Alle knuspern vor sich hin und reden durcheinander. Ich verstehe kein Wort. Mir scheint, es geht um irgendwelche Freunde, Nachbarn und Kollegen, allesamt Personen, die ich nicht kenne und zu denen ich nichts zu sagen habe. Die Familie Santini aber umso mehr. „*Che peccato*! Traurig", meint Anna, „dass Francesco und Laura aus Rom nicht gekommen sind." Ich kombiniere, dass sie von den zwei anderen Geschwistern spricht. Derweil schwinden die Scheibchen mit der Leberpastete. Die Teller leeren sich zusehends. Nur meiner nicht.

Unauffällig schiebe ich ein *crostino* zu Giulio rüber.

„*Non ti piace*? Magst du die nicht?", fragt Sara.

Die Gespräche verstummen. Alle schauen mich an. Diesmal sogar Signora Santini. Immerhin geht es um ihre Kochkünste.

Ein „Nein-das-mag-ich-Nicht" bringe ich nicht über die Lippen. Aber was soll ich sagen? Allergie? Diät? Magenverstimmung?

„Andrea ist Vegetarierin", erinnert sich Giulio endlich. Doch das bricht das Schweigen nicht. Alle Augenpaare starren mich weiterhin an, als hätte ich eine Todsünde begangen.

„*Che cosa vuol dire,* was bedeutet *vegetariano*?", fragt Lulù.

„Das ist jemand, der kein Fleisch isst", erklärt Giulio.

„Dann bin ich jetzt auch eine Vegetarierin", sagt Sara und schiebt die letzte Hälfte ihres *crostino* zu ihrer Mutter rüber.

„Red' keinen Quatsch. Du isst das jetzt auf", sagt Anna streng. „Aber was machen wir mit Andrea?"

„*Non c'è problema*!", versichere ich. „Ich esse eben das, wo kein Fleisch dran ist." Ahnungslos, was noch auf dem Speiseplan steht.

„Das ist nicht viel! Wir machen dir ein Omelett, nicht Mutter?"

„Nein, nein, keine Umstände für mich", sage ich eindringlich, „ich finde immer was zu essen!"

„Da bin ich sicher“, erklärt Signora Santini, „Weihnachten kann sie bestimmt eine Ausnahme von ihrer Diät machen.“

„*Giusto*, richtig“, sage ich, mit dem Bewusstsein, dass ich diese Ausnahme nicht machen werde, aber wenigstens habe ich Zeit geschunden, um einen Ausweg zu suchen. Der ist auch nötig, denn der zweite Gang sind *Tortellini* mit Fleischfüllung in Rinderbrühe.

Signora Santini lässt jetzt kein Auge mehr von mir.

Es klingelt.

„Das ist Papa!“, ruft Lulù, springt vom Stuhl und flitzt zur Tür. Braungebrannt, muskulös, in Jeans trägt Fulvio die Kleine lässig auf dem Arm herein. Er ruft *„ciao a tutti“* in die Runde, küsst Anna auf den Mund, klopft Fabio auf den Rücken und wirft uns anderen ein paar Luftküsse zu.

Signora Santini trägt ihm auf. Sie scheint den ehebrechenden Ehemann ihrer Tochter erheblich lieber zu mögen als mich. Alle essen weiter, erzählen Geschichten, aber vergessen glücklicherweise mich. Unbemerkt kann ich meine *tortellini* bei Giulio entsorgen. Mein Magen knurrt. Aus Verzweiflung trinke ich ein Glas Wein nach dem anderen. Den dritten Gang hätte ich unalkoholisiert kaum ertragen. Auf dem Teller landet ein *zampone*, ein gefüllter Schweinefuß. Dazu Linsen. Anna hat Erbarmen und erspart mir den tierischen Unterschenkel. Dafür füllt sie mir eine Extraportion Linsen auf. Beim Nachtisch habe ich bereits so viel Alkohol intus, dass ich dem Rest des Abends mit wohliger Gleichgültigkeit entgegensehe. Mir fällt nicht mal auf, dass die Bescherung ausfällt. Die gibt’s erst am 25. Dezember, ganz nach süditalienischem Brauch. Darauf besteht Signora Santini, denn sie hat ihre Wurzeln in Neapel. In Florenz feiert jeder Bescherung, wann er will: die Familien aus dem Norden am Abend des 24. 12. oder nach der Mitternachtsmesse, die aus dem Süden am Vormittag des 25. 12., die Neapolitaner wie Signora Santini nach dem *pranzo di natale*. Das *pranzo* ist ein mittägliches

Gelage am ersten Weihnachtsfeiertag. Ähnlich ausschweifend wie am Vortag, diesmal zu meinem Glück mit rein neapolitanischem Speisenplan: *Spaghetti alle vongole,* mit Herzmuscheln, gekochter Seebarsch, frittierter Aal und Stockfisch mit Gemüse, zum Abschluss die süßlichen *roccocò*-Kekse mit einem *limoncello,* dem traditionellen Zitronenlikör.

Als die Gläser klingen, bietet mir Vater Lapo das „Du" an, Signora Santini zeigt mir weiterhin die kalte Schulter. Ein Wunder, dass bei so viel Widerwillen *babbo natale,* der Weihnachtsmann, auch mir etwas unter den Tannenbaum gelegt hat: eine Ausgabe des Florenzklassikers „Zimmer mit Aussicht" von E. M. Forster.

Sara spielt mit den Krippenfiguren, die aus *Napoli,* der Heimat ihrer Oma Amalia, stammen. Dort füllen sie, oft mannsgroß, den ganzen *salotto.* Vor fünfhundert Jahren zierten die Krippenspiele nur die Adelspaläste, später jede Wohnung. Noch heute gibt es in Neapel eine Straße, in der nichts anderes als Krippen gebaut werden – das ganze Jahr über. Als der Weihnachtsbaum in den 1950er Jahren aus Deutschland einwanderte, ignorierten ihn die Neapolitaner. Die Florentiner hingegen stellten die Tanne in friedvoller Eintracht neben ihre Figuren. Darunter die Päckchen von *babbo natale*: 57 für Sara, 53 für Lulù und drei für Giulio. Den Inhalt kennt er schon vor dem Auspacken: T-Shirts, Unterhosen, Kniestrümpfe und darin versteckt ein Umschlag mit Geld – so wie jedes Jahr.

Ums Geld geht's auch bei der Tombola, einem Steinchenspiel, bei dem alle Buchstaben aus einem Bastkorb ziehen und Worte daraus legen. Unter lauten Protestrufen gewinnt über Stunden Vater Lapo und knöpft uns anderen sämtliche Cents ab. Als wir pleite sind, ist es bereits dunkel und ich schlage den Rückzug vor.

„Geht nicht", sagt Giulio, „heute fahren keine Busse mehr."

„Weihnachten fahren keine Busse?"

„Nein, die Busfahrer wollen ja auch in ihren Familien feiern."

„Und wer denkt an die Leute, die nach Hause müssen?"

„Es weiß ja jeder Bescheid."

Jeder Italiener versucht, sich diese *ponte* – eine Brücke über die Feiertage – zu bauen. Bei guter Organisation gelingt es, die freie Zeit vom 23.12. bis zum 6.1., dem Fest der *Befana*, auszudehnen. Sogar Sportstudios, Bibliotheken und komplette Abteilungen von Krankenhäusern schließen in dieser Zeit ihre Tore.

Ich gebe mich geschlagen und übernachte im Haus meiner künftigen Schwiegermutter. Aus Platzmangel lande ich bei Sara und Lulù im Zimmer. Giulio schläft auf dem Sofa unterm Tannenbaum.

Kaffeeduft weckt mich aus meinem verkaterten Tiefschlaf. Ich trotte in die Küche. Die ganze Familie Santini ist schon auf den Beinen. Vater Lapo sitzt mit seinen Enkeln am Tisch, Giulio und Anna lehnen am Herd, die Tasse *caffè* in der Hand, und Signora Santini putzt zwischen ihnen herum. Alle knuspern an frisch gebackenen *cornettos,* Blätterteighörnchen. Damit scheint der zweite Weihnachtsfeiertag wie ein ganz normaler Tag zu beginnen. Wäre da nicht Signora Santini, die mich zum Abschied noch einmal verachtend anblickt.

Januar

Deutsche bevorzugt!

Diese Nacht ist heller als andere. Vielleicht liegt es an der zentimeterhohen Schneedecke, die über allem ruht. Einen Tag lang rieselten die Flocken vom Himmel, hüllten die Hügel, Olivenhaine und Zypressenalleen in ein märchenhaftes Weiß – so wie nur selten in der Toskana. Jetzt ist der Himmel klar. Der Schein des Mondes schillert auf jedem einzelnen Eiskristall und schenkt dieser Nacht mehr Licht als allen anderen. Der Friede scheint endlos, hier draußen im *Chianti*, wo Giulio mit seinen drei Freunden eine alte *fattoria*, einen Bauernhof, gemietet hat, um gemeinsam ins neue Jahr zu starten.

Plötzlich fliegen Schneebälle. Alessandro, ein kleiner Süditaliener, bombardiert Giulios besten Freund Roberto, einen Sportsmann à la *Trotti*. Giulio eilt ihm zu Hilfe, Massimo schlägt sich auf Alessandros Seite: Er schultert ihn und posaunt durch die geschlossene Faust die Fanfare des Reiterkampfes. Wie Schuljungs stürzen sich die Vier aufeinander.

Tatsächlich kennen sich Giulio, Roberto, Alessandro und Massimo seit ihrer Schulzeit in Rom und sind dickste *amici*. Als Massimo sein Architekturbüro in den Sand setzte, bauten die anderen ihn auf und ermutigten ihn, ein neues zu eröffnen. Bei Alessandro betrieben sie nächtelang Seelsorge, als seine Freundin schwanger war und er vor lauter Panik abhauen wollte. Für Roberto ließen sie ihre Beziehungen spielen, als er seinen Job beim Radio schmiss, und vermittelten ihm die Stelle als Pressesprecher in der Entwicklungshilfe. Um Giulio kümmerten sie sich, als seine große Liebe mit einem anderen durchbrannte. Über all die Jahre trafen sie sich regelmäßig nach Weihnachten, und heute würde keiner von ihnen dieses Ritual je vernachlässigen.

Die vier jagen um die Olivenbäume, ziehen an den Zweigen, um unter großem Gelächter Schneeduschen auszulösen und seifen sich gegenseitig ein. Dabei vergessen sie glatt *mezzanotte*, Mitternacht.

Ich starte eine Rakete aus einer alten Weinflasche. Abrupt drehen sich die Jungs um. Guilio lässt seinen Schneeball fallen und stürmt auf mich zu. Er hebt mich hoch und dreht uns im Kreis, bis wir umkippen. An der Tür der *fattoria* tauchen fröstelnd Marzia, Giulia und Isabella auf. Mit verschränkten Armen laufen sie auf ihre Männer zu, umarmen und küssen sie, und flüchten zurück ins Haus. Die Jungs schnappen sich die Raketen, zünden sie und begleiten jede unter lautem Jubeln in den Himmel. Erst als die letzte abgefeuert ist, folgen sie ihren Frauen ins Warme. Die drei sitzen im Kaminzimmer auf dem Sofa und haben bereits den *spumante* geköpft.

„*Buon anno!* Frohes neues Jahr", rufen wir, umarmen und küssen noch mal jeder jeden, und prosten uns zigmal zu. Kaum sind die Gläser geleert, macht sich Alessandro am Feuerholz zu schaffen, Massimo assistiert ihm und formt Bälle aus Zeitungspapier. Roberto erzählt Giulio und mir auf dem Sofa von seiner letzten Afrikareise. Die drei Frauen verschwinden derweil in der Küche.

Diese Geschlechterteilung ist mir schon den ganzen Silvesterabend über aufgefallen. Die Frauen kochen, tragen Töpfe rein und raus, waschen ab; die Männer sitzen da, blödeln rum, aber keiner betritt die Küche, als sei dort eine unsichtbare Grenze gezogen, auf der steht: Zutritt für Männer verboten! Weder Marzia noch Isabella oder Giulia scheinen sich daran zu stören. Die italienischen Frauen sind mir ein Rätsel: Die drei sitzen zusammen, arrangieren sich, weil ihre Männer

Jugendfreunde sind. Dabei könnten sie verschiedener nicht sein: Giulia ist bis auf die letzte Locke gestylt, liebt unechte Fingernägel, ihren Push-up-BH und das zentimeterdicke Make-up. Wann immer sie kann, setzt sie sich lautstark in Szene. Marzia trägt Jeans, einen schwarzen Wollpulli und keine Schminke, sie engagiert sich für Umwelt und Menschenrechte. Isabella kleidet sich dezent und meldet sich nur selten zu Wort, meist kümmert sie sich um ihre beiden Kinder, die im Obergeschoss schlummern.

„Warum gibt es eigentlich in Italien keine Freundschaften zwischen Frauen und Männern?", frage ich Giulio leise, als Guilia und Marzia acht Grappa hereintragen.

„Weil immer Eros im Spiel ist", antwortet er in Zimmerlautstärke.

„Wo ist Eros im Spiel?", will Massimo sofort wissen.

„Ständig zwischen Mann und Frau", meint Giulio und die anderen pflichten ihm bei, dass eine geschlechterübergreifende Kameradschaft völlig unmöglich ist. Ohne Sex versiege das Interesse rapide.

„In Deutschland sind aber Freundschaften zwischen Männern und Frauen möglich, warum also nicht hier?", bohre ich nach.

„Boh", meint Roberto und zuckt mit den Schultern. *Boh* ist einer der sonderbaren Laute, wie *ma'* oder *èh*, die zwar offiziell nicht zum italienischen Wortschatz gehören, aber ohne die kein Italiener kommunizieren könnte, genauso wenig wie mit gebundenen Händen. Diskussionen berühren nun mal Leib und Seele, deshalb fliegen Finger in die Luft, Gesichter spielen mit Mimik, Laute untermalen die Zustimmung, Ablehnung oder eben die Ratlosigkeit. Genau für die steht *boh*. Ein Kommunikationsprofi wie Roberto begleitet das *boh* der Unwissenheit mit hochgezogenen Schultern.

„Vielleicht liegt es an den Reizen der italienischen Frauen?", mutmaßt Massimo und zwinkert seiner gestylten Giulia zu.

Marzia legt Daumen, Zeige- und Mittelfinger so zusammen, dass die Fingerspitzen gen Himmel zeigen, und schwingt die Hand locker aus dem Gelenk Richtung Schulter: Die „Was-sagst-du-da-eigentlich?“-Geste untermalt sie, indem sie ungläubig die Augenbrauen hochzieht. „*Stupidaggini,* Blödsinn!“, ruft sie. „Die Männer stellen uns schon nach, wenn wir noch nicht mal wissen, dass wir Reize haben; mit elf, zwölf Jahren! Das ist kein Vergnügen!“

„*Ma cosa dici?!* Was erzählst du! Es ist doch ein Kompliment, wenn dir ein Mann nachpfeift“, widerspricht Giulia, „ich jedenfalls bin stolz darauf, eine schöne Frau zu sein!“

Marzia, die Meisterin des Gestikulierens, legt die Handflächen zusammen und wippt sie vorm Brustkorb hin und her. Ihre Hände sagen: Ich bitte dich! Wie kommst du denn auf solch einen Quatsch?! – „Wenn dich ein Typ als Sexsymbol wahrnimmt und nicht als Mensch, ist das kein Kompliment! Sag mir lieber, warum unsere Männer nicht so respektvoll und zurückhaltend wie die deutschen sind?!“

„Das hat uns die katholische Kirche eingebrockt“, wirft Giulio ein, „wäre Sex nicht so anrüchig, wäre das Interesse nicht so groß.“

„Immer ist die Kirche an allem schuld“, fällt ihm Isabella ins Wort, „habt ihr ganz vergessen, dass es im Glauben um bedingungslose Liebe geht, und nicht um wilden Sex und Ehebruch?“

„*Mah ...!*“, stößt Giulio aus und leitet damit einen Widerspruch ein. Dafür ist der Zauberlaut *mah* die effektivste Form. „Die Päpste haben uns doch schon im Mittelalter die Doppelmoral vorgelebt und uneheliche Kinder in die Welt gesetzt. Das machte den Eindruck, alles sei erlaubt, man dürfe sich nur nicht erwischen lassen.“

„*Basta!* Genug!“ Isabella schlägt ihre rechte Hand hochkant auf die linke, als wolle sie etwas durchteilen, vielleicht Giulios Argumentation: „Nur weil es in der Geschichte schwarze Schafe in der Kirche gab, ist sie noch lang nicht wertlos!"

„Ich würde eher sagen", mischt sich Massimo ein, „um ein guter Mensch zu sein, muss man kein Katholik sein. Also: Auf das Gute im Menschen. *Salute*!" Er prostet uns zu und zieht eine strohumflochtene Weinflasche aus einer Tüte. „Jungs, ich habe einen *fiasco* von meinen Großeltern mitgebracht", verkündet er stolz.

„Einen echten alten, einen ohne Korken?!", ruft Giulio begeistert.

Wir schauen ihm über die Schulter, als er das Büschel Hanf aus dem Flaschenhals zieht und es vorsichtig beiseitelegt.

„Damit saugt er das Olivenöl vom Wein runter", erklärt Giulio, „die Flaschen sind nämlich nur mit Öl und Hanf verschlossen."

Mit einer schwungvollen Bewegung kippt Massimo einige Tropfen Wein aus der Flasche direkt in den Kamin und entsorgt damit das restliche Olivenöl. Er schenkt uns ein.

„Ai vecchi tempi. Auf alte Zeiten!", ruft Marzia und hält ihr Glas hoch. *„Buon anno.* Frohes neues Jahr." Jetzt fehlt nur noch der gute Vorsatz. Meiner lautet: eine neue Wohnung für Giulio und mich finden, und zwar *presto*!

Zurück von unserem Silvesterausflug, blättere ich die *La Pulce*, ein Anzeigenblatt namens „Floh", durch; mittwochs und sonntags zusätzlich den Anzeigenteil der Tageszeitung *La Repubblica*: „Ponte Rosso, großzügige Einzimmerwohnung, 35 Quadratmeter mit Kochnische, hübsch eingerichteter Raum mit Klimaanlage, optimal für zwei Personen, 850 Euro kalt." Nur in Italien kann ein einziges Zimmer optimal für zwei sein.

„Aretina, Schlafzimmer, Wohnküche, Bad, 45 qm, renoviert und möbliert, 1000 Euro (kalt)." Der Florentiner Wohnungsmarkt ist außer Kontrolle: 20 Euro für einen nicht renovierten Quadratmeter sind gang und gäbe. Jeder will das große Geld machen. Wer es sich leisten kann, der kauft Eigentum und vermietet es weit über den Rückzahlungsraten seines Kredits. Maklerbüros sprießen aus dem Boden. Viele verschwinden wieder. Es bleiben trotzdem über tausend Immobilienagenturen für 370 000 Florentiner.

Privatanzeigen sind rar, aber genau die suche ich. Nach tagelangem Stöbern finde ich endlich ein erschwingliches Angebot: „Rosano, Dreizimmerwohnung, Dachgeschoss, 750 Euro."

Eine Frau, wohl genährt, empfängt uns im Kittelkleid vor ihrem Haus. Mit schriller Stimme preist sie bereits im Flur die Vorzüge ihres Apartments an: „Optimal für ein Paar, mit einem separaten Arbeitszimmer, praktisch eingerichtet, einfach *perfetto*!"

Sie schließt auf, und wir stehen inmitten einer ranzigen Einbauküche. Zielstrebig bahnt sie sich den Weg durch einen Haufen Sperrholzmöbel und hebt einen militärgrünen Vorhang. Dahinter versteckt sich das zweite Zimmer, eine sechs Quadratmeter große Schlafkoje. Es riecht nach Klo. Kein Wunder, das verbirgt sich hinter einer Lamellentür am Fußende des Bettes. Für das dritte Zimmer müssen wir ein Stockwerk im Hausflur hinabsteigen. Auf halber Treppe löst sie ein Vorhängeschloss von einer Brettertür. Dahinter eröffnet sich ein Verschlag zwischen Hauswand und Dach, in dem in Deutschland höchstens Koffer lagern würden. Gebückt kriechen wir hinein. Unter der Wandschräge steht ein Feldbett, da drüber eine DIN-A4-große Dachluke, eine Glühbirne baumelt an der Decke.

„Den Raum kann man sich richtig nett zurechtmachen!" Sie strahlt und erklärt, wie gern sie eine Deutsche als Mieterin hätte.

Giulio übernimmt es, sich einen Vorwand für die sofortige Flucht zu suchen. Auf der Straße angekommen, sagt er: „Ohne dich hätte ich nicht mal eine Chance, eine Bruchbude wie diese zu mieten!"

„Wieso denn das?"

„*Voi tedeschi,* ihr Deutschen steht bei Wohnungsbesitzern ganz hoch im Kurs. Man hält euch für ordentlich, sauber, still und vor allem pünktlich mit der Zahlung. Ähnlich wie die Japaner. Die Amerikaner sind dagegen als lärmend und unzuverlässig verschrien. Aber am wenigsten mag man uns Italiener."

„Trauen die Vermieter ihren eigenen Landsleuten nicht?"

„Genau! Nur wir kennen die komplizierten italienischen Gesetze. Ein Italiener weiß, dass eine Kündigung nicht heißt, dass er sofort ausziehen muss. Vorher muss ihn der Vermieter verklagen, und damit vergehen Jahre oder sogar Jahrzehnte, denn die Gerichte sind überlastet. Die Zahlungsmoral der Italiener ist auch nicht die beste. Was soll er auch machen, wenn der Staat aus heiterem Himmel sein Gehalt nicht zahlt und er es erst Wochen später erhält? Er füttert natürlich zuerst die Familie durch und zahlt dann die Miete."

Der nächste Versuch führt mich zu einer Dame mit grauem Dutt. Sie geleitet mich durch ihren 50er-Jahre-Flachdachbau, vorbei am obligatorischen Plüschsofa, einem Steinway-Flügel und fünf anschmiegsamen Katzen zu einer Kellertreppe. Unten warten 25 düstere Quadratmeter auf mich. Die Fenster hängen auf Nasenhöhe. Die einzige Lichtquelle ist eine Glastür, die auf eine Art Terrasse hochführt. Allerdings parkt dort, wo mein Gartentisch stehen könnte, der knallrote Fiat 500 der Dame mit Dutt. Eine weitere Tür öffnet sich zu einem betonierten Badezimmer, in dem die Heizungsanlage des Hauses rattert.

„Es stört Sie doch nicht, wenn ich einmal die Woche runterkomme, um meine Wäsche zu waschen?", fragt *Signora Maci.*

„Bei uns im Bad?"

„Ja! Wir brauchen ja keine zwei Waschmaschinen für *ein* Haus."

So kann es nicht weitergehen! Jetzt setze ich eine Anzeige auf und sage genau, was ich will: „Deutsche, 39, sucht Wohnung: sonnig, unmöbliert, 3 Zimmer, Bad und Küche, max. 800 Euro".

Kaum ist die Annonce raus, steht mein Telefon nicht mehr still. „Ich hätte bei mir ein Zimmer frei", raunt eine Männerstimme. Eine Frau will mich überzeugen, dass ihre Einzimmerwohnung für uns beide wie gemacht wäre. Ein Franzose ruft an, um sich zwecks „Erfahrungsaustausch" mit mir zu verabreden. Eine Adlige möchte mich in ihrem mittelalterlichen *borgo* irgendwo in der Pampa unterbringen – und das zu einer schwindelerregenden Miete!

Wir besichtigen Wohntürme, Kellergewölbe und Lagerräume, die zu Apartments umfunktioniert wurden und so viel kosten wie ein Loft in New York. Allesamt möbliert, eines abscheulicher als das nächste. Bestehen wir auf Zimmer ohne Schimmel, auf funktionstüchtige Heizungen, Fenster mit Isoglas, Elektrik, die geerdet ist, einen Herd, der keinen Ekel erregt, ein Badezimmer, in dem die Dusche mehr ist als ein Loch im Boden mit darüberliegendem Wasseranschluss, schlägt uns pures Unverständnis entgegen.

Giulio hat sich längst aus der Suchaktion verabschiedet, da finde ich ein „Dachgeschoss im sechshundert Jahre alten Kloster". Das klingt perfekt. Bereits die schwere Eichentür lässt mein kunsthistorisches Herz höherschlagen, und als ich den gotischen Pfeiler im Treppenhaus erblicke, kann ich mir die Nonnen vorstellen, die hier einst durch die Hallen huschten. Ob sie wohl in den mysteriösen Mauernischen des Wohnzimmers Minialtare aufstellten? Praktizierten sie ihr Goldhandwerk in diesen Räumen? Die Wohnung steckt voller Geschichten. Außerdem schirmen die dicken Klostermauern den Straßenlärm ab, lassen weder Winterkälte noch Sommerhitze herein. Leider auch keinen Sonnenstrahl. Aber immerhin ist die Heizung neu eingebaut und die Möblierung im schlichten Ikea-Stil gehalten. Vor allem gefällt uns die Wendeltreppe in den zweiten Stock, denn auf der Empore gibt es noch zwei Zimmer. Schuhschachtelgroß und mit einer Deckenhöhe von 1,80 Meter, aber immerhin hätten wir jeder unseren eigenen Raum. Wir schlagen zu, denn die Kaltmiete von 880 Euro für die zweieinhalb Zimmer ist für Florentiner Verhältnisse ein Schnäppchen.

Wie zahlen das bloß Familienväter, die Frau und Kinder durchfüttern müssen? Bei einem Durchschnittsgehalt von 1200 Euro?! Kein Wunder, dass Italien das geburtenschwächste Land der Welt ist. Ohne ein Zweiteinkommen ist das Leben unmöglich, denn der Staat greift niemandem unter die Arme. Sozialhilfe gibt es nicht, Kindergeld auch nicht, Arbeitslosengeld maximal sechs Monate und höchstens dreißig Prozent, aber nur für Entlassene von Großbetrieben. Alle anderen gehen leer aus. Sozialwohnungen existieren nur theoretisch, denn praktisch warten Bedürftige bis zu zwanzig Jahre.

„Und wer tatsächlich eine *casa popolare* ergattert, muss damit rechnen, dass der Umzug eher eine Strafe ist als eine Hilfe", berichtet Barbara nach der Qigongstunde. Gerade ist ihr nach acht Jahren Wartezeit eine Staatswohnung angeboten worden. Sie liegt dreißig Kilometer außerhalb von Florenz an einer Schnellstraße ohne Anschluss an öffentliche Verkehrsmittel. Selbst der nächste Supermarkt ist ohne Auto nicht zu erreichen.

„Dabei hab' ich nicht mal einen Führerschein", sagt sie kopfschüttelnd, „aber wenn wir die Wohnung nicht annehmen, rutschen wir wieder ans Ende der Liste und warten noch mal zehn Jahre."

„Wer sich auf den italienischen Staat verlässt, ist verlassen", kommentiert Giulio, der gerade nach Hause kommt. „In Italien musst du lernen, dir selbst zu helfen." Er kramt einen Schraubenzieher aus einer Schublade und verabschiedet sich wieder: „Ich muss noch mal los, mir ein neues Fahrrad besorgen!"

„Und das alte?"

„Ist mir gerade geklaut worden!"

Ich wittere, dass das kein Einkauf wird.

„Soll ich dafür etwa noch Geld ausgeben?", fragt er überrascht.

„Hast du keine Hausratversicherung?", frage ich erstaunt zurück.

„Eine Versicherung für Hausrat? Ihr Deutschen habt wohl für alles eine Versicherung, für Reisen, für Haftpflicht und Rechtschutz. Versichert ihr euch eigentlich auch gegen den Tod?"

„Natürlich!"

„Was habt ihr tot denn von eurem Geld? Ich gebe es lieber aus, solang ich noch lebe! Und jetzt besorge ich mir ein Fahrrad."

„Wie? Willst du es klauen?"

„Hältst du mich für einen Dieb? Ich sammle ein paar *herrenlose Teile* auf der Straße ein und bau' mir eins zusammen."

„Und das ist kein Diebstahl?"

„Nein, das ist eine Form von Recycling. Wir Italiener sind doch keine notorischen Gesetzesbrecher", stellt Giulio klar, „wir bahnen uns nur einen Pfad durch ein Leben voller Unwegsamkeiten."

Falls ich sehen wolle, wie man das Recycling zu einer hohen Kunst perfektioniert, solle ich ihm zu den *cassonetti* folgen, zu den großen Müllcontainern an den Straßenecken, in die jeder seinen Hausmüll wirft. Natürlich hatte ich die Betten, Stühle, Kühlschränke, Holzbohlen und Bücherkisten nicht übersehen, die sich an den Containern türmen. Nur dachte ich, das wäre Müll.

„Oh nein, den Müll wirft man in die *cassonetti*", erklärt mir Giulio, „alles, was noch brauchbar ist, stellt man daneben."

Heute hängt da tatsächlich ein Dutzend weißer Hemden, fein säuberlich in Plastik gehüllt auf einem Bügel an der Mülltonne. Ich rieche dran: frisch gewaschen, geplättet, fast wie neu. Sollte ich sie mitnehmen? Ich laufe zu Giulio, der gerade ein Vorderrad abmontiert, frage ihn, ob er die Hemden will. Als ich mich umdrehe, um auf die Hemden zu zeigen, sehe ich einen älteren Mann, der die Wäsche kurz prüft, sie sich dann über den Arm hängt und von dannen zieht, als käme er gerade aus der Reinigung. Ich bin beeindruckt. Vielleicht sollte ich Giulio und den älteren Herren als gutes Beispiel nehmen und mein Leben in Florenz als eine Herausforderung an meine Kreativität und Flexibilität betrachten.

Die kann ich gleich unter Beweis stellen, als ich es mit der italienischen Telecom aufnehme: Innerhalb von zehn Tagen wollten sie einen Techniker schicken. Das ist zwei Wochen her, und bis heute haben wir nicht mal das Lebenszeichen eines Telecom-Mitarbeiters vernommen. Allmählich werde ich nervös, denn als Freiberufler sind wir vom Telefon abhängig. Giulio muss seine drei Jobs als Gärtner, Museumskustode und Italienischlehrer koordinieren, und für mich als Journalistin sind Internet und Telefon die Nabelschnur fürs Überleben. Sicher kann ich im Notfall ins Internetcafé ausweichen und übers Handy recherchieren, aber auf Dauer sprengt das drahtlose Telefonieren meine Finanzmittel.

„Dauert diese Telefonlosigkeit noch Wochen oder gar Monate, führt uns das in den Ruin“, erkläre ich der Frau im Callcenter.

„*Capisco*, verstehe“, erwidert sie, „aber ich kann leider nichts weiter für Sie tun. Es wird sich schon jemand bei Ihnen melden.“

„Das versprechen Sie uns zum zwanzigsten Mal. Bis jetzt ist nichts passiert. Nichts! Als hätten wir einen Antrag nie gestellt.“

Tatsächlich findet die Callcenterdame heraus, dass unser Antrag zwar im Computer eingegeben, aber nie *intern* abgeschickt wurde.

„Und warum ist *das* den zwanzig Sacharbeitern, mit denen wir vor Ihnen telefoniert haben, nicht aufgefallen?!?"

„*Non lo so*! Weiß ich nicht! Das Schnellste ist, Sie stellen den Antrag noch mal neu", rät sie mir, „dann müssen Sie zwar unter Umständen noch mal zehn Tagen warten. Aber wenn Sie eine Beschwerde einreichen und wir prüfen sie, verzögert sich alles noch länger."

Wenn ein Italiener schon von längeren Verzögerungen spricht, bedeutet das nicht Tage, sondern Wochen, gar Monate. Ich beiße also in den sauren Apfel und beantrage unseren Telefonanschluss zum zweiten Mal. Damit diesmal niemand den Antrag übersieht, schicke ich ihn zusätzlich per Einschreiben ab.

Von der Post zurück, finde ich unsere Haustür angelehnt. Habe ich vergessen, sie abzuschließen? Drinnen höre ich Stimmen.

„Giulio? Bist du da?", rufe ich und schiebe die Tür auf. Vor mir baut sich Signora Santini mit einem Besen in der Hand auf.

„*Ciao cara*", ruft Giulio und drückt mir einen Schmatzer auf die Wange, „*mamma* wollte sich mal unsere Wohnung anschauen."

„*La cucina era sporchissima*. Die Küche war wirklich dreckig", sagt Signora Santini mit näselnder Arroganz. Sie streift sich die grünen Gummihandschuhe ab, drückt mir den Besen in die Hand und wirft sich ihren Daunenmantel über. Sie gibt Giulio einen Kuss und lehnt sich in meine Richtung, um auch mich mit einem *bacio* zu bedenken. Der fliegt allerdings in gebührendem Abstand zu meiner Wange irgendwo in die Luft. An der Tür wendet sie sich noch mal um und sagt: „*Figliola mia*, Kindchen, denk dran, regelmäßig zu wischen, sonst bricht Giulios Allergie aus, und die Fenster könnten's auch mal vertragen!" Die Tür fällt ins Schloss.

„Jetzt ist sie zu weit gegangen", schnaufe ich.

„Sie meint es doch nicht so", versucht Giulio, mich zu beruhigen.

„Was heißt hier *so*? Deine Mutter ist ein Drache. Besitzergreifend, eifersüchtig, und – überhaupt, was hat sie hier gewollt?!"

„Wissen, wie ich wohne. Immerhin bin ich ihr Sohn."

Klar wusste ich, dass Giulios Mutter fast täglich bei ihm anrief, um über jeden Schritt in seinem Leben informiert zu sein. Aber ich wusste auch, dass er ihr vor Jahren abgewöhnt hatte, regelmäßig in seiner Wohnschachtel aufzutauchen, um zu putzen, zu kochen und ihn zu kontrollieren, was die italienischen Mütter über alles lieben.

Hatte sie jetzt mich als ihr neues Opfer auserkoren?

Zu gern würd' ich mich mit meiner besten Freundin in Hamburg beraten, aber ich weile noch immer in technisch erzwungener Isolierung. Um meiner Vereinsamung entgegenzuwirken, beschließe ich, täglich ein Stündchen unser neues Viertel zwischen *Piazza D'Azeglio* und *Piazza Santissima Annunziata* zu erkunden und meinen Kommunikationsbedarf mit dessen Bewohnern zu decken. In der *latteria* der *Borgo Pinti* entdecke ich eine echte Rarität: einen Münzfernsprecher, an der Wand neben dem Regal mit *Mukki*-Milch und Mozzarella. Um die Ecke finde ich einen *alimentari* (Tante-Emma-Laden), etwas weiter eine *libreria antiquaria* für alte Bücher, ein Theater, diverse Öko- und Klamottenläden, und endlos viele *bars*. Was könnte sich besser für einen Plausch eignen? Je nach Tagesstimmung geselle ich mich zu den Studenten in die *Bar Brunellesco*, informiere mich bei *Lelè* über den Tratsch im *quartiere* oder kehre vor dem Markteinkauf bei *Gilda* ein. Mit ihrer rauen Männerstimme serviert sie mir den *caffè* jeden Tag in einer anderen antiquarischen Tasse.

Gegenüber, auf dem *Mercato Sant'Ambrogio*, erledige ich meine Einkäufe, denn der Wochenmarkt ist günstiger als jeder Laden und die Ware frischer. Die Bauern fahren sie mit ihren dreirädrigen Minilastwagen direkt von ihren Feldern heran. Vor allem eignen sich die Marktleute blendend für ein Schwätzchen. Stets haben sie einen Scherz auf Lager, rufen lauthals ihre Angebote ins Volk und beschenken mich regelmäßig: Heute stopft mir die Bäuerin mit ihren abgewetzten Fingerhandschuhen eine Karotte und einen Zweig Rosmarin umsonst zum Kürbis und den Kartoffeln in die Tüte. Den Preis peilt sie irgendwie über den Daumen und variiert ihn je nach Laune. Ist die Marktfrau vergnügt, halbieren sich mitunter meine Kosten und verdoppeln sich die Geschenke.

Der Imker nebenan hat wohl den kleinsten Marktstand der Stadt. Auf einem Campingtisch verkauft er alles, was sein Bienenvolk produziert. Ich decke mich mit würzigem Kastanienhonig ein, und einer Flasche *propoli,* ein Bienengift, das gegen Halsschmerzen hilft. Ein paar Meter weiter fackelt in einer Metalltonne ein Feuer. Reihum wärmen sich die Marktleute ihre Hände und versuchen, die Kälte von knapp zehn Grad aus ihren Knochen zu vertreiben.

Jede Stunde kommt eine junge Frau mit Schürze aus der Markthalle, in der Fleischer, Fischmänner und Käseverkäufer ihre Läden betreiben. Sie nimmt von den Bauern die Bestellungen für wärmende Getränke auf, bereitet sie in der *bar* der Markhalle zu und serviert sie kurz darauf den Bauern an ihren Ständen.

Auf mich wartet in der Markt-*bar* Massimiliano, mein Exvermieter, der Filmemacher. Beim Umzug hatte ich zwei Klappstühle, die ich für den Garten gekauft hatte, vergessen. Er wollte sie mir vorbeibringen.

„*Ciao Andrea, come stai*?!", ruft er sichtlich begeistert. Seine Augen funkeln wie bei der ersten Begegnung. Er schlingt seine langen Arme um mich, als seien wir dickste Freunde, und küsst mich zärtlich auf die Wange.

„*Eh, ciao*!", erwidere ich, verunsichert über diese Nähe.

Ihm steigt die Röte ins Gesicht. Nervös schiebt er eine schwarze Locken mit dem Zeigefinger aus dem Gesicht hinters Ohr.

„Willst du was trinken? Komm, ich lad dich ein! Überhaupt, ich wollte dir sagen, dass es mir leidtut, dass ich mich nie bei dir gemeldet hab', du weißt ja, das war eine schlimme Zeit mit meiner Frau ... *ci faresti due caffè*?", ruft er dem Barmann über den Tresen zu und redet ohne Luft zu holen weiter, „aber jetzt ist meine Frau ..."

„Ich nehme lieber einen *cappuccino*!"

„*Allora due cappuccini*. Jetzt ist meine Frau mit den Kindern wieder da und mir geht's besser. Hättest du Lust, dass wir uns mal treffen? Ich würd' dich gern kennen lernen; etwas spät, aber besser als gar nicht ... Nimmst du noch was? Einen *prosecco*? Übrigens, deine Stühle hab' ich im Auto. Ach, und dann ist da noch die letzte Gas- und Elektrorechnung ..."

„Wie viel ist es?"

„Weiß nicht, muss ich nachschauen."

„Was sagt denn deine Frau, wenn wir uns treffen?"

Massimiliano zuckt mit den Achseln. „Muss sie ja nicht wissen." Er schaut mir in die Augen, als warte er auf eine Reaktion. Da er keine bekommt, blickt auf den Boden. Mit seinem ausgelatschten Turnschuh schiebt er eine Kippe hin und her. „Ach, vergiss das mit der Rechnung. Soll ich dir die Stühle noch nach Hause fahren?"

Ich verzichte und jongliere die beiden Plastikklappstühle samt Einkäufen auf meinem Fahrrad, Marke *Giulios Eigenbau,* durch die Einbahnstraßen. Mein *motorino* nutze ich nur noch selten für Stadtfahrten. Es ist zu laut, zu stinkig, und ohne Katalysator habe ich seit Anfang des Jahres ohnehin Dienstag, Mittwoch und Donnerstag von 8 bis 20 Uhr Fahrverbot.

Seither lauern die Verkehrspolizisten, die *vigili,* an jeder Ecke auf die motorisierten Zweiräder. Gesetzesbrüche von Fahrradfahrern hingegen dulden sie ohne Wimpernzucken. Einbahnstraßenschilder und Abbiegeverbote lässt demnach jeder Radler unbeeindruckt links liegen.

Kurz vor unserer Haustür entdecke ich unser *motorino,* das auf der Straße liegt. Was ist passiert? Ich hatte es doch korrekt geparkt. *Mio Dio*! Der Blinker ist abgebrochen, der Lenker verzogen.

„*Dov' è un meccanico*? Wo gibt's hier eine Werkstatt?", frage ich den Aktentaschenträger, der neben mir seine BMW parkt.

„*Che cosa è successo*? Was ist denn passiert?"

„*È tutto storto,* alles verzogen!" Ich zeige auf den Lenker.

„*Non c'è problema*! Das haben wir gleich!", sagt er, klemmt sich das Vorderrad zwischen die Oberschenkel, drückt sich mit seiner Körpermasse gegen den Lenker und biegt ihn gerade.

Als ich Giulio zu Hause davon berichte, sagt er: „Gut, dass du mich ans *motorino* erinnerst. Das müssen wir heute Abend noch umparken, bevor wir ausgehen."

„Warum denn das?"

„Heute ist *pulizia della strada,* Straßenreinigung."

„Ja, und?"

„Da müssen alle Fahrzeuge aus der Straße verschwinden!"

Tatsächlich gilt jeden zweiten Freitag von 0.00 bis 6.00 Uhr absolutes Parkverbot in der *Via Laura*. Giulio zeigt auf das Schild, das nicht nur an unserer Straße, sondern an allen umliegenden hängt. De facto müssen zwei Mal pro Monat jegliche motorisierten Gefährte aus dem ganzen Viertel verschwinden, damit die Straßen gesäubert werden können. Sorgen dafür nicht die Halter, übernimmt es ein Abschleppunternehmen.

Wer kippt nur so viel Müll auf die Straßen, dass solch aufwendige Säuberungsaktionen nötig sind? Und was machen vor allem die Florentiner, die auf Geschäftsreise gehen oder gar wochenlang in Urlaub fahren? Beschäftigen die neben einem Blumengießer und einem Katzenfütterer auch einen Fahrzeugumparker?

Giulio zuckt mit den Schultern: „Vielleicht eine Marktlücke?!“

Februar

Die Insel der Glücklichen

„Die Genehmigung ist da!", ruft Giulio und hält mir eine ausgedruckte E-Mail unter die Nase. Seit Monaten warte ich auf das Ja aus dem Justizministerium in Rom, um die letzte Gefängnisinsel Italiens besuchen zu dürfen. Im Radio hatte ich aufgeschnappt, dass dort Schwerverbrecher zu Schäfern, Fischern und Weinbauern umerzogen werden. Das hatte mich neugierig gemacht.

Für einen Besuch als Journalistin benötige ich allerdings eine amtliche Genehmigung. Da jeder Kontakt mit einer italienischen Behörde ein strapaziöses Unterfangen mit ungewissem Ausgang ist, bin ich heilfroh, dass sie endlich da ist. Wenn auch reichlich unklar formuliert: Unsere Erlaubnis beschränkt sich auf das Betreten der Insel. Interviews, Fotos und jegliche Bewegungsfreiheit unterliegen der Entscheidung des *direttore*. Der lässt Giulio am Telefon wissen, ich solle erst mal kommen, dann würde man weitersehen.

Um dieses „weiter" in trockene Tücher zu bringen, heuere ich Giulio als meinen interkulturellen Diplomaten und Übersetzer für feine Nuancen an. Und um gegebenenfalls sofort loslegen zu können, haben wir meine Freundin Susanne aus Berlin mit an Bord: Sie ist Fotografin.

Auf dem elefantengrauen Motorboot der *Polizia Penitenziaria* schippern wir gemeinsam mit einer Crew aus vier Wachleuten durch das toskanische Archipel, den größten Meeresnationalpark Europas. 60 000 Hektar geschütztes Meer umschlingen sieben Inseln. Unser Ziel ist die kleinste von ihnen: Gorgona.

Sie ist aber nicht die einzige, auf der Inhaftierungen eine lange Tradition haben. Im Jahr 1841 wurde bereits Napoleon Bonaparte nach Elba verbannt, die Nachbarinsel Capraia diente über 150 Jahre lang als Strafkolonie, und auf dem benachbarte Pianosa saßen bis 1998 die Mafiabosse des Landes in einem Hochsicherheitstrakt ein.

In der Bucht von Gorgona dümpeln drei bunte Fischerboote. Möwen drehen kreischend ihre Runden über dem karibikblauen Wasser. An den Klippen klebt ein Dorf wie ein Schwalbennest. Nichts erinnerte an ein Gefängnis, stünde da nicht ein grauer Betonwachturm auf dem Kai.

Wir klettern aus dem Boot. Keiner nimmt von uns Notiz. Keiner erwartet uns. Wir fragen, wo wir uns melden müssen. Der *capitano* zeigt auf den Turm. Über eine Stiege oben angekommen, nimmt uns ein Wachmann Handy und Pässe ab und erklärt uns, wir sollten warten, bis uns jemand abholt.

„Warum lassen die uns hier rumstehen", murrt Susanne, „die wussten doch, dass wir kommen?!"

„Hier freut sich eben niemand über unseren Besuch", mutmaßt Giulio. Er hat die Berichterstattung über die Gefängnisinsel länger verfolgt und weiß, dass der Direktor oft in der Kritik steht. Man wirft ihm vor, Gorgona sei kein Gefängnis, sondern *L'isola dei felici,* die Insel der Glücklichen. Er entgegnet, Gorgona sei die einzige Haftanstalt, in der die italienische Verfassung respektiert werde, denn nur hier bekämen die Insassen eine echte Chance auf Resozialisierung, statt unter unwürdigen Haftbedingungen weggesperrt und vollständig verdorben zu werden.

„Warum haben die uns dann eingeladen?", protestiert Susanne.

„Ich schätze, sie durften uns den Besuch nicht verweigern. Aber sie können uns die Arbeit schwer machen. Im Grunde haben wir ja bereits alles, was uns erlaubt ist: Wir stehen auf der Insel. Der Rest hängt von unserer Diplomatie ab."

Eine Stunde wird unsere Geduld auf die Probe gestellt, dann erscheint ein Häftling und drückt uns einen Stapel Bettwäsche in die Hand. Wir sollen ihm folgen: zu unserem Apartment, einem jugendherbergsähnlich eingerichteten Betonklotz. Im Flur quälen sich zwei Männer aus ihren Taucheranzügen: zwei Marinetaucher, die den Hafen und die Gefängnisboote auf Schäden untersuchen.

Sie zeigen uns das Klo und die Küche, die wir die nächsten Tage mit ihnen teilen werden. Damit ist unsere Gefängnis-WG eröffnet. Feldbetten, Metallspinde, fingerdicke Gitterstäbe – so hatte ich mir meine erste Nacht auf dem toskanischen Archipel nicht vorgestellt. Wenigstens plätschern die Wellen vor vergitterten Fenstern ebenso romantisch wie vor den benachbarten Ferieninseln Giglio und Elba. Nur dass auf Gorgona die wenigsten Besucher freiwillig anreisen.

Nicht mal die ersten Inselbewohner kamen aus freien Stücken. Im 16. Jahrhundert siedelten die Florentiner Medici-Fürsten zwei Familien zwangsweise auf Gorgona an. Die Citti und die Godoli sollten als Vorposten das Reich schützen. Obwohl die Medici-Dynastie vor 250 Jahren untergegangen ist, leben noch heute zwei Nachfahren der Familien auf der Insel.

Der Häftling, der uns die Bettwäsche gebracht hat, erklärt sich bereit, uns den beiden älteren Damen vorzustellen. Die jüngere von ihnen, eine weißhaarige *Signora* um die achtzig, bittet uns in ihr kleines Steinhaus am Hang über dem Hafen. Die Zimmerdecke ihrer *casetta* ist so niedrig, dass wir uns beim Eintreten bücken müssen. Den Wohnzimmertisch ziert eine Häkeldecke und ein silbernes Kaffeeservice. Auf der Vitrine thronen Schwarzweißfotos der Familie. Ihr Vater, der Leuchtturmwärter, nahm sie manchmal mit raus aufs Meer, erinnert sich die *Signora*. Sie liebte es, in den Wellen zu baden und am Strand zu toben. Die Verbrecher waren dabei Nachbarn wie jede anderen, immerhin teilten die beiden Familien bereits seit 1869 die Insel mit den Häftlingen.

„Für mich sind das Menschen wie du und ich“, sagt die *Signora*. Ihre Mutter brachte oft Essen, das übrig war, zu den Männern aufs Feld. Erst vor einigen Monaten, erzählt uns die *Signora* weiter, riss eine Erdlawine ihr Haus fort. Nur durch einen Zufall überlebte sie. Der Gefängnisdirektor stellte sofort ein paar Häftlinge ab, die ihr Heim aus dem Schlamm gruben. Die *Comune* hingegen half mit keinem Cent, ihre *casetta* wieder aufzubauen. Plötzlich klopft es an der Tür. Mit Schwung stößt sie auf, und zwei Männer wuchten einen Holzschrank in den *salotto*. Das Möbel stammt aus der Gefängniswerkstatt und ist noch Teil der Hilfsaktion.

Dieser *direttore* wird mir immer sympathischer. Im Gegenzug scheint er nichts von uns zu halten. Bis jetzt hat sich niemand blicken lassen, der uns Interviews und Fotografieren genehmigen könnte. Dabei sind wir bereits einen halben Tag auf der Insel.

Unser Häftling führt uns hoch ins alte Dorf. Vor einer gelb getünchten Villa parken auf einer tennisplatzgroßen Terrasse zwei nachtblaue Jeeps und eine Geländemaschine mit der Aufschrift *Polizia Penitenziaria*. Dort lässt uns der Häftling stehen und verschwindet. Einige Minuten später taucht ein Mann in Uniform auf, groß, steif, mit diversen Auszeichnungen auf der Schulter und einem Riesenschnurrbart: der *„ispettore“*.

Giulio stellt uns vor. Dem Mann in Uniform ist keine Gefühlsregung vom Gesicht abzulesen. Formal beginnt er, uns mit Zahlen zu versorgen: „Auf Gorgona leben 120 Gefangene, bewacht von 50 Wärtern, dazu kommt das zivile Personal.“

Giulio lauscht den Ausführungen interessiert, stellt Fragen und verstrickt ihn in eine Diskussion. Sie debattieren, lachen und lamentieren über Politik. Ich kann längst nicht mehr folgen. Plötzlich klopft der *ispettore* Giulio freundschaftlich auf die Schulter und sagt: *„Vedrò*, ich seh’ mal, was ich für euch tun kann!“

Eine Stunde später sitzen wir im Jeep des Oberaufsehers, einem kleinen, untersetzten Mann mit rotem Kopf, preschen mit Vollgas über die zwei Quadratmeter große Insel, rumpeln über schotterige Pisten, an Olivenhainen, Weinbergen und Macchiawäldern vorbei. Plötzlich dürfen wir überall halten, mit jedem sprechen, alles fotografieren. Als hätte es nie ein Problem gegeben.

Am Straßenrand treffen wir einen Ziegenhirten mit seiner Herde. Auf einer Farm interviewe ich einen jungen Sarden, der Hühner, Truthähne und Fasane züchtet. Wir besuchen Häftlinge, die Obst, Gemüse und Kräuter für Medizin anbauen. In einer Bucht ziehen sie Goldbrassen und Seebarsche. An Berghängen wächst der Wein, der schon vor über hundert Jahren angepflanzt wurde. Um einen guten Tropfen daraus zu keltern, überredete der *direttore* einen Önologen der Universität Mailand, die Gefängnisinsassen im Weinanbau zu unterrichten. Und damit Gorgona eines Tages autark ist, ließ er eine Kläranlage und ein Elektrizitätswerk erbauen.

Wüssten wir nicht, dass der KFZ-Mechaniker der Insel ein Mörder ist, der Hühnerzüchter Raubüberfälle begangen hat und der Schlachter Haus und Hof verspielte, wäre *Gorgona* eine Idylle. Viel friedlicher als auf den Nachbarinseln Elba oder Giglio, wo längst Touristen eingefallen sind und das ruhige Landleben von einst fast vollständig verdrängt haben.

Auf Gorgona ist die Natur intakt wie kaum irgendwo sonst in Italien. Hier gedeihen fünfzig wilde Rosmarinarten, wachsen seltene Pflanzen wie der dornige Schneckenklee und nisten stark bedrohte Vögel wie die Rabenmöwe, der Mauerspecht und der Haubenkormoran. Regelmäßig reisen Biologen vom Festland an, um die reiche Flora und Fauna zu dokumentieren. Sogar die Unterwasserwelt um das Eiland herum ist gänzlich unberührt, denn jeglicher Schiffsverkehr ist untersagt, Fischen, Tauchen und Baden streng verboten.

Ein Idyll, das vor allem dem *direttore* und seiner Ehefrau, einer Meeresbiologin, am Herzen liegt. Selbst ihre Hochzeit feierten sie auf der Gefängnisinsel – oben auf den Klippen, in der alten Burgruine. Auch der *ispettore* und einige andere Wärter würden am liebsten bis zu ihrer Pensionierung auf Gorgona bleiben. Und der *postino*, der Postbote, ließ sich auf eigenen Wunsch vom Festland auf das winzige Inselpostamt versetzten.

In wenigen Wochen machte der *postino*, ein Mann um die fünfzig im roten Che-Guevara-T-Shirt, die verwaiste Poststation wieder funktionstüchtig und half den Häftlingen damit, ihre Verbindung zu Außenwelt aufrechtzuerhalten. In seiner Freizeit gründete er einen Gefängnischor, organisiert Ruderwettbewerbe zwischen Wärtern und Häftlingen und produziert mit den Insassen fürs Regionalfernsehen eine Sendung über ihren Knastalltag.

Auf dem Rückweg zur Villa kommt uns ein Geländewagen entgegen. Am Steuer: *il direttore*. Unser Oberaufseher gibt Lichtzeichen und bremst. Aus dem Jeep steigt ein großer, aschblonder Lockenkopf mit Jeans, Dreitagebart und randloser Brille. Er reicht uns die Hand, zieht seine Zigaretten aus der Hemdtasche und bietet uns eine an. Schützend hält er die Hand vors Feuerzeug, zieht kräftig und lehnt sich auf die Kühlerhaube.

„Wie schaffen Sie es, aus Schwerverbrechern Landwirte zu machen?“, frage ich ihn.

„*È un rischio*, das ist ein Risiko!“, sagt er und bläst den Rauch in die Luft. „Man muss ihnen Verantwortung geben, jeden einzelnen als Menschen behandeln, seine Stärken erkennen und sie fördern.“

Tatsächlich entdeckten viele Männer auf Gorgona ihre Begabungen. Dem jungen sardischen Häftling gelang das Wunder, zwei Pfauenküken in Gefangenschaft aufzuziehen, ein sizilianischer Viehhirte fand sein Talent im Filmedrehen, und ein Dieb aus Rom komponierte in seiner Zelle Lieder auf seiner Gitarre.

„Für viele ist es das erste Mal im Leben, dass sie eine Chance bekommen", erklärt der *direttore*, „sie stammen aus den ärmsten Teilen Italiens, aus dem Süden, Sizilien oder Sardinien, dort waren sie Saisonarbeiter auf dem Feld oder arbeitslos."

Ihr Zusammenleben ist ein hoch sensibles System, deswegen wird jeder, der Unfriede stiftet, sofort in sein altes Gefängnis zurückgeschickt. Die Häftlinge wissen das und passen aufeinander auf. Um sich langsam an Freiheit und Verantwortung zu gewöhnen, werden sie nur die ersten Jahren nachts in ihren Zellen eingeschlossen, später leben sie in freistehenden Hütten und tragen ihre Schlüssel in den Hosentaschen.

„Gibt es bei so viel Freiheit keine Fluchtversuche?"

„Selten. Die meisten haben sich ihre Aufnahme auf Gorgona hart erarbeitet. Wer auf die Insel kommt, muss als resozialisierbar gelten und den Großteil seiner Strafe abgesessen haben. Das minimiert die Fluchtgefahr. Die meisten, die hierher kommen, wollen ihr Leben wirklich ändern und erkennen ihre Chance."

„Macht das Gorgona doch zu *isola dei felici*, zur Insel der Glücklichen?"

„Jedes Gefängnis ist ein Ort des Leides", sagt der *direttore* ernst. „Wer hier landet, ist fürs Leben gebrandmarkt. Mit einem Exhäftling will niemand was zu tun haben, keiner gibt ihm einen Job."

Sogar dafür sorgt der *direttore*. Gemeinsam mit einem *pater* in Livorno betreibt er eine gemeinnütze Baufirma, die die Häftlinge nach der Entlassung einstellt. Für viele wird jedoch Gorgona der einzige Ort bleiben, an dem sie sich je respektiert und geachtet fühlten. So wie der Dieb aus Rom, dessen Lieder ganze Abende lang über die Insel hallten. Er hatte nur einen Wunsch: Er wollte auf Gorgona bestattet werden. Auf seinem Grabstein – von dem der Blick über Macchiawälder bis zum azurblauen Meer streift – steht geschrieben: „Wie Gold, wirst du auch im Dreck immer rein bleiben."

Mit diesem Satz beende ich, zurück in Florenz, meine Reportage. Nur kann ich sie leider nicht als E-Mail versenden, denn unser Telefon bleibt weiterhin ohne Anschluss.

„Das Problem ist innerhalb von 48 Stunden behoben!", heißt es, als ich nachfrage. Aber das hieß es bereits vor anderthalb Monaten.

„Können Sie mir garantieren, dass das Problem diesmal wirklich innerhalb 48 Stunden gelöst ist?", bohre ich im Callcenter nach.

„Nein! Falls nichts passiert, müssen Sie noch mal anrufen."

„Das tue ich gerade. Und was nun?!? ... Wir sind verzweifelt, verstehen Sie?!! Unsere Jobs hängen vom Telefon ab. Meine Familie lebt im Ausland, meine Eltern sind alt und krank und ich erreiche sie nicht!" Diese Familienmasche muss einfach ziehen.

„Ja, ja, ich verstehe. Warten Sie am Apparat." Stille. „Hier steht ein Vermerk: ‚*La sua intubazione è irregolare*'".

„Was soll das heißen? Unsere ‚Verrohrung ist unregulär'???"

„Das kann ich Ihnen nicht sagen, da müssen Sie die 3 anrufen. Die sind für technische Probleme zuständig."

Nach endlosen Warteschlangen höre ich: „Nein, Signora, wenn die Verrohrung unregulär ist, können wir keinen Techniker schicken. Sie müssen erst dafür sorgen, dass sie *regulär* wird. Melden Sie sich, wenn Sie das Problem gelöst haben."

Nächster Versuch: „Würden Sie mir bitte sagen, was ich tun muss, damit die Verrohrung meines Telefons regulär wird???!!!"

„Das ist aus der Maske leider nicht zu ersehen."

„Dann lassen Sie mich endlich mit einem Techniker sprechen!"

„Das steht nicht in meiner Macht. Wir sind nur das Callcenter. Ich kann denen höchstens eine Notiz über E-Mail schicken."

„Eine brillante Idee! Und da kommen erst Sie erst jetzt drauf!?!"

Natürlich meldet sich auch diesmal niemand innerhalb von 48 Stunden, bis auf unseren Vermieter, der bestätigt, dass unsere Verkabelung normaler nicht sein könnte, da bis vor zwei Monaten das Telefon in der Wohnung prächtig funktionierte.

„Also", verkünde ich bei meinem millionsten Anruf im Callcenter, „unsere *intubazione* ist jetzt *regolare*. Wir haben unseren Teil getan. Nun brauchen Siiieee nur noch ein Knöpfchen in Ihrer Zentrale zu drücken und unser Telefon anzuschalten!"

„Dafür bin ich nicht mehr zuständig, da Sie das technische Problem gelöst haben, müssen Sie die 1 anrufen." Aber auch der Herr unter der 1 fühlt sich nicht verantwortlich. Falls es so weitergeht, werde ich zum Bombenleger oder belagere im Schlafsack so lange die Geschäftsräume der Telecom, bis mich jemand erhört. Auf diese Idee kamen wohl schon andere, zumindest ist die Adresse weder im Telefonbuch noch im Internet verzeichnet. Dort entdecke ich bloß noch haarsträubendere Geschichten als unsere. Manches Opfer wartete vergebens seit sechs Monaten ... Jetzt hilft nur noch eines: ein Anwalt. Obwohl ich keinen habe, drohe ich der Telecom damit, und zwar per Einschreiben, Fax und E-Mail zugleich! Und warte.

Über mein Handy haben sich in der Zwischenzeit elf Interessierte für meine erste Qigongprobestunde angemeldet. Katias Homöopathin überlässt mir den Gymnastikraum ihres Ärztezentrums zum Spezialtarif: Ich zahle zwanzig Prozent meiner Einnahmen, egal ob ich eine Person unterrichte oder zehn. Das Risiko ist also gering, aber ich bin nicht weniger aufgeregt, denn ich muss alles in einer fremden Sprache bewältigen.

18.55 Uhr. Es klingelt. Endlich die erste Person, um 19 Uhr soll die Stunde beginnen. Ich drücke den Türsummer.

„*Ciao,* ich bin Andrea, *l'insegnante,* die Qigonglehrerin."

„*Ciao,* ich bin auch Andrea!", antwortet eine Männerstimme und ein dunkelhaariger Mann Mitte vierzig reicht mir die Hand.

Einen Moment lang schauen wir uns befremdet an.

Ich wusste ja, dass *Andrea, Nicola und Simone* in Italien Männernamen sind, aber einem Mann in die Augen zu schauen, der meinen Namen trägt, ist eine andere Sache. Ich habe das Gefühl, ihm steht mein Name nicht zu, und ihm geht es sichtlich ähnlich. Er sagt zwinkernd: „Andrea kommt aus dem Griechischen und heißt ‚Mann', daran gibt es nichts zu rütteln." Ich verweise scherzend auf die Endung „-a", die im Italienischen fürs Weibliche steht.

Die nächsten Minuten steht der Türsummer nicht mehr still: Zu Andrea, Polizist von Beruf, gesellen sich die Studentinnen Nicoletta und Natalina, die Rentnerin Nicla, der Pensionär Vieri und die drei Freundinnen Giuliana, Donatella und Ilaria. Wie soll ich mir all die exotischen Namen merken? Dabei ist die Gruppe nicht mal vollständig. Drei Personen fehlen noch. Wie lang soll ich warten? Es ist immerhin schon 19.30 Uhr.

Ich beginne, erzähle, dass diese Gymnastik mehr als zweitausend Jahre alt ist und aus China stammt, erkläre das Konzept des Qi, des Energieflusses im Körper, den wir harmonisieren wollen. Wir entspannen uns, finden den richtigen Stand, entlasten die Wirbelsäule. Alle folgen mir aufmerksam. Plötzlich ein schrilles Läuten. 45 Minuten nach Unterrichtsbeginn hetzt eine Blondine herein, entschuldigt sich lautstark und zerstört jegliche Konzentration. Kaum habe ich die Gruppe erneut beruhigt, öffnet sich die Tür und zwei Kinder toben durch Raum, spielen Fangen um uns herum, kreischen und flitzen Türen knallend davon. Mitten in der Abschlussmeditation entfacht im Flur ein lauter Streit zwischen einer Ärztin und ihrer Patientin. Ich frage mich, was noch schiefgehen soll, oder ob ich alles unter dem ganz normalen, italienischen Chaos abbuche. Aus reinem Trotz bewahre ich Ruhe, und sieben der Probeschüler sind begeistert. Sie buchen meinen Kurs.

„Was für ein Erfolg, und das an deinem Geburtstag! *Auguri,* Glückwunsch!", ruft Giulio begeistert, als ich kurz nach Mitternacht zuhause einlaufe. Er küsst mich, überreicht mir eine Rose und verkündet, dass er sich morgen frei genommen hat, um mit mir einen Tag ganz nach meinen Wünschen zu verbringen. Falls mir nichts einfiele, hätte er drei Angebote: einen Kuscheltag im Bett, einen Besuch beim Karneval in Viareggio, einem der größten in Italien, oder einen Tag auf Skiern.

Nach dem Frühstück geht's los in den Apennin, nach Abetone. Kurz hinter Pistoia schlängeln wir uns in die Berge. Die Landschaft wird wilder, die Dörfer ärmlicher. Wir folgen dem Verlauf eines Flüsschens, immer höher. Hier und da liegen Placken von Schnee. Eichen und Kastanien machen Tannen Platz. Nicht umsonst heißt Abetone übersetzt „große Tanne".

Der Ort ist längst nicht so schön wie sein Name. Weit und breit steht keine nostalgische Berghütte. Verleihstation, Liftanlagen und Restaurants sind sterile Betonklötze. Glücklicherweise hat sie der mannshohe Schnee unter sich versteckt. Die drei Lifte und die fünfzig schmalen Pistenkilometer erinnern mich an den Harz.

Auf Leihski rutschen wir einige Male an schneeverhangenen Tannen vorbei ins Tal. Italiener rauschen in halsbrecherischem Tempo an uns vorüber. Zum Schutze unserer Knochen schlage ich vor, für den Nachmittag auf Langlauf umzusteigen. Die Loipen sind wie leer gefegt. Nur ein paar Herren im fortgeschrittenen Alter ziehen im Gleichschritt an uns vorüber. Die meisten Italiener verbinden mit Freizeit eben eher Genuss als körperliche Arbeit. Auch Giulio schimpft über die Schufterei, bis er den Tritt raus hat und wir durch die Landschaft gleiten wie die ergrauten Sportsmänner. An Tannen vorbei, mit Blick auf die Berge. Durchgefroren und mit ersten Anflügen von Muskelkater laufen wir in einer Hütte ein, bestellen mein Lieblingsgericht *spaghetti aglio, olio e peperoncino* und eine Flasche Chianti. Beim dritten Glas fragt mich Giulio:

„Na, deinen Geburtstag ohne Heimweh überstanden?"

Das hatte ich längst vergessen. Zwar fehlen mir gelegentlich noch Freunde und Familie, aber die weihnachtliche Sehnsucht nach meiner Heimat hatte längst aufgehört, an meinem Herz zu reißen. Vielleicht wird Florenz allmählich mein Zuhause und seine Bewohner geben mir langsam ein Gefühl von Aufgehobensein.

Meine Schülerin Barbara kümmert sich zumindest wie eine Schwester um mich. Damit meine Telefonlosigkeit und die damit verbundenen Ausgaben mich nicht in den Ruin treiben, hat sie einen kostenlosen Internetzugang für mich ausfindig gemacht: im Lesesaal der Bibliothek von Fiesole.

Der Nachteil: Fiesole liegt sieben Kilometer außerhalb von Florenz auf einem Hügel. Der Vorteil erschließt sich mir erst, als ich dort oben aus dem Bus steige: Der Ort ist zauberhaft. Uralte Steinhäuser rahmen die *Piazza Mino*. Ein mittelalterlicher Dom reckt seinen Glockenturm 42 Meter in den Himmel. Unter großen Linden reihen sich *bar, ristoranti* und *gelaterie* aneinander. Niemand hetzt hier oben durch die Gassen, kein lautes Hupen weit und breit, und ein leichter Nordwind hält den Stadtlärm von Florenz auf angenehme Distanz.

Die Sonne strahlt mit 15 Grad vom Himmel und lockt alle

aus ihren düsteren Wohnungen, die für die alten Paläste so typisch sind. Mütter schieben ihre Kinderwagen in den Schatten der Bäume, die ihr erstes Grün zeigen. Jugendliche räkeln sich auf den Bänken an der Bushaltestelle. Ergraute Herren lesen ihre Zeitungen auf der Mauer vor der Kirche. Hundebesitzer plaudern an der Straßenecke.

Ich setze mich auf ein Mäuerchen, wickle den Schal ab, öffne die Jacke und halte mein Gesicht in die Sonne. Mit aller Macht brennen ihre Strahlen die Feuchtigkeit aus meinen Knochen und vertreiben den Rest der winterlichen Tristesse aus meinem Gemüt. Wenige Minuten genügen, und ich fühle mich für die vergangenen drei eisigen Monate entschädigt.

Vom Müßiggang der Fiesolaner angesteckt, schlendere ich ganz entspannt weiter zur Bibliothek. Auf Zehenspitzen spähe ich über die Mauer des Archäologischen Museums und entdecke neueste Ausgrabungen. Neugierig besorge ich mir in der *Comune*, der Stadtverwaltung nebenan, ein Faltblatt mit Infos.

Vor 2700 Jahren gründeten die Etrusker diese einst bedeutende Siedlung und tauften sie *Vipsl*. Erhalten ist bis heute ihre meterdicke Stadtmauer an der Nordseite des Museums. Um 100 vor Christi kamen die Römer, bauten Tempel, Bäder und ein Amphitheater, das rund dreitausend Besucher fasste. Seit der Renaissance zog es Reiche in den Ort. Sie bauten ihre Villen auf die umliegenden Hügel, um die Landfrische und Ruhe zu genießen. Ich bin heilfroh, dass die UNESCO den 14 000-Einwohner-Ort seit 1982 schützt, dann bleibt er, wie er ist, bis ich genug Geld aufgetan habe, um auch hierher zu ziehen.

In der Bibliothek finde ich neben der Geburtstagspost meiner Freunde die Mail einer mir unbekannten Redaktion:

„Wollen Sie eine Reportage für uns schreiben? Es handelt sich um ein größeres Projekt." Um Details zu besprechen, bittet mich der Chefredakteur um Rückruf. – Wie bloß? Ohne Telefon! Mit dem Handy? Wo ich ständig von einem Funkloch ins nächste falle? Aus der Telefonzelle, an der Lkws vorbeidonnern? Oder sollte ich schnell zu Anna runterfahren?

Ich gehe wie jeder, der eine Denkpause braucht, in die nächste *bar* und bestelle einen Cappuccino. Der Barmann, groß, blond, in meinem Alter und ohne jede Ambition zum Flirten, ist mir sofort sympathisch. Er fragt mich, woher ich komme. Im Gegenzug erfahre ich, dass er Riccardo heißt, ein eingefleischter Florentiner ist und seine Ehefrau, eine Spanierin, allerdings in ihre Heimat zurückgekehrt ist.

„Italien ist eben kein leichtes Pflaster für Ausländer", bemerke ich und erzähle ihm von meinem Kampf ums Telefon.

„Gib mir mal deine Nummer", fordert er mich auf.

„Wieso?" Einem italienischen Mann meine Telefonnummer geben?

„Vielleicht kann ich was für dich tun. Ich habe zehn Jahre für die Telecom gearbeitet und habe dort noch Freunde."

Punkt acht Uhr klingelt am nächsten Morgen mein Handy: „Wann dürfen wir zu Ihnen kommen?", fragt ein Telefontechniker.

„Dürfen? Natürlich sofort!"

Sollte dies das Werk von Barmann Riccardo sein? Oder hat meine Drohung mit dem Anwalt gefruchtet? Gleichgültig, solange ich nur die beiden Techniker bei mir in der Wohnung werkeln sehe. Flink folgen sie der angeblich unregulären Leitung den Hausflur entlang, zwei Stockwerke hoch und durch die Wand in unsere Wohnung. Sie bohren Löcher, dübeln die ISDN-Box fest, verkabeln sie und schalten die Leitungen frei. Nach zwanzig Minuten haben wir unser Telefon.

„Wo war nun das Problem?", will ich dann noch wissen.

„Was für ein Problem? *Non c'è problema, signora.*"

„Siehst du", sagt Riccardo und zwinkert mir triumphierend zu.

Ich wusste ja, dass eine *bar* mehr ist als ein Ort, an dem man isst und trinkt, aber Riccardos *Città di Fiesole* ist überdurchschnittlich mehr: Sie ist eine Art Problemlösungsagentur. Ob seine Gäste einen Klempner suchen, einen Babysitter oder einen Gärtner, er vermittelt sie alle. Außerdem ist Riccardos Tresen Seelsorgestation für die Alten und Treffpunkt für die Jungen. Er verkauft Busfahrkarten, Lottoscheine, Zigaretten, Postkarten, *panini, pasta*. Auch wenn das *Cabiria* auf der *Piazza Santa Croce* mir meine Wintertage erwärmt hat, verstehe ich erst heute, was es bedeutet, seine wirkliche Lieblings-*bar* gefunden zu haben. Übrigens gibt's bei Riccardo auch den besten *cappuccino* der Stadt.

Jetzt fehlt nur noch, dass er auch ein Rezept zur Abschreckung italienischer Schwiegermütter parat hat, denn Signora Santini hat als Erste spitzbekommen, dass wir jetzt erreichbar sind, und nutzt diese Gelegenheit mit Vorliebe, wenn Giulio aushäusig ist und ich grübelnd vor meiner Tastatur Gedankenfäden spinne.

Sie will dann nur schnell hören, wie es Giulio geht. Mein Befinden ist unerheblich. Aber da sie mich gerade mal am Hörer hat, erklärt sie mir mit mütterlicher Fürsorge, wie ich zum Wohlbefinden ihres Sohnes beitragen kann: „Koch ihm das *pan'di tonno* ... Lager sein Lieblingsshampoo auf Vorrat ... Pack mittwochs seine Tasche für den Sport." Täglich addiert sie neue Paragraphen in der Giulio-Gebrauchsanweisung. Und wehe, ich befolge ihre Ratschläge nicht. Das überprüft sie selbstverständlich mit einem Kontrollanruf auf Giulios Handy.

„Sie klagt, dass eine Deutsche auf keinen Fall was Ernstes für mich sein kann", protokolliert mir Giulio das letzte Gespräch, „diese Mädchen aus dem Norden verstehen doch überhaupt nichts vom Haushalt." Er lacht und schüttelt den Kopf.

Ich schaue ihn ungläubig an. „Ich finde das nicht zum Lachen."

„Reg dich nicht auf. Das nützt nichts. Die ändert sich nicht mehr, sie liebt es, sich überall einzumischen. Aber irgendwann wird sie verstehen, dass ihr nichts anderes übrig bleibt, als dich zu akzeptieren."

März

In der Steuerfalle

„Che lavoro fai? Und was für einen Job machst du?“, frage ich Angelo, den neuen Qigongschüler, nach seiner Probestunde.

„Lavoro nella Guardia di Finanza. Ich bin Steuerfahnder.“

„Steuerfahnder?“

Nie hätte ich gedacht, dass ein einziges Wort einen Tsunami aus Adrenalin in meinem Körper auslösen könnte. Mein Puls jagt auf 180, das Herz pumpt eine Blutwelle in mein Gesicht, meine Knie werden weich. Ich will einmal tief Luft holen, um mich zu berappeln, verkneife es mir aber aus taktischen Gründen und sage mit so viel Charme, wie ich in dieser Situation aufbringen kann:

„Ach, wie interessant.“

Ein dümmerer Kommentar hätte mir nicht einfallen können, aber meine grauen Zellen stehen ebenfalls unter Schock. Ich sehe mich bereits in einer schmuddeligen italienischen Gefängniszelle – nicht etwa auf Gorgona – mit anderen ausländischen Kriminellen meiner Ausweisung harren. Alles nur, weil ich es nicht fertig gebracht habe, mich beim Finanzamt anzumelden. Der gute Wille wird nicht zählen, entscheidend ist der Tatbestand, und für den gibt es eine eindeutige Definition: Schwarzarbeit.

Beim deutschen Finanzamt hatte ich mich abgemeldet, nur hier noch nicht wieder angemeldet. Ich hatte rumgefragt, wie das geht, aber die Antworten waren weder ermutigend noch hilfreich: Yogalehrer Mario und Katia aus dem Bioladen waren sich einig: „Deine Minieinkünfte interessieren niemanden." Anna riet schlichtweg: „Vergiss es, das ist viel zu kompliziert." Giulio kommentierte mein schlechtes Gewissen lapidar: „Mach dir keine Sorgen, in Italien arbeitet jeder schwarz. Wenn schon Berlusconi dazu aufruft, was kann da schon schiefgegen."

Natürlich erinnere ich die Worte des ehemaligen Staatschefs, die er zur Schließung eines Fiatwerkes verlauten ließ: Seiner Ansicht nach gab es keinen Grund, über Jobverlust zu jammern, jeder, der wolle, fände im Handumdrehen eine Schwarzarbeit. Und natürlich ist mir nicht entgangen, dass eigentlich jeder, den ich in Florenz kenne, einen kleinen unangemeldeten Nebenjob hat. Ob es die alte Dame im Nachbarhaus ist, die für das ganze Viertel Hosenbeine kürzt, Löcher stopft und andere simple Näharbeiten durchführt, Mario, der die Einnahmen seiner Yogakurse nirgendwo angibt, oder Barbara, die am Wochenende selbst gebastelte Ohrringe auf der Straße verkauft. Schätzungsweise 3 238 000 Italiener arbeiten schwarz und schleusen jährlich 200 Milliarden Euro am Fiskus vorbei, verkündeten die Zeitungen vor kurzem. Auf jede 100 gemeldete Euro werden 46 hinterzogen.

Sollte ich dem Steuerfahnder sagen, dass ich nur das tue, was in diesem Land alle tun? Ich könnte ihm auch schlicht gestehen, dass ich an einer italienischen Behördenallergie leide, seit ich eine Überdosis an Schlangestehen, Nummernziehen und Frustriert-wieder-Heimgehen genossen habe. Oder würde sich das zu einem Prozess wegen Beleidigung des Beamtenapparates ausweiten?

Langsam komme ich wieder zu mir. Dieser Angelo (*Engel* – hätten sich seine Eltern nicht einen besseren Namen einfallen lassen können oder er sich einen anderen Job?) steht mir noch immer gegenüber. Um die fünfzig, kaum größer als ich, namenlose Jeans, blaues T-Shirt, das einen Bauchansatz versteckt. Ein ganz normaler Typ. Bankangestellter, Autoverkäufer, alles hätte er sein können; warum gerade

Steuerfahnder? Er lächelt mich an. Nett, wäre da nicht dieser Hauch von Überlegenheit.

Beide wissen wir Bescheid. Und nun? Er macht keine Anstalten zu gehen. Worauf wartet er? Auf meinen Kniefall? Auf Schmiergeld? So genau kenne ich die italienischen Gepflogenheiten nun auch nicht. Aber es ist scheinbar an mir, eine Karte auszuspielen, sein Trumpf liegt ja bereits auf dem Tisch.

„Was für ein toller Zufall, dass du aufgetaucht bist, du kannst mir bestimmt einen Rat geben, was die Steuern angeht", sage ich und zwinge mir ein Lächeln ab: „Ich muss mich nämlich dringend beim italienischen Finanzamt anmelden und bin damit überfordert."

„*Non c'è problema,* kein Problem", antwortet der steuerfahndende Qigongschüler, als wären wir seit Jahren dickste Freunde. Er bietet sich großzügig als mein künftiger Steuerberater an, das würde er für alle *amici* tun. Sofort will er wissen, was ich verdiene, wie hoch meine Ausgaben sind, wovon ich lebe ... Wie auf der Anklagebank komme ich mir vor. Was soll ich tun? Ich offenbare meine Finanzen. Nur eine Frage bringt mich ins Stocken.

„Stellst du Quittungen für das Geld aus, das du erhältst?"

„Theoretisch ja." Ich zögere, um mich nicht in die Illegalität zu manövrieren. „*Però* ... aber bis heute wollte niemand eine haben."

„*Bene!* Gut! Dann verdienst du ja auch nichts!"

Giulio lacht schallend, hatte er mir doch gesagt, dass ich mir keine Sorgen machen soll. Es sei quasi eine Versicherung, einen Steuerfahnder im Kurs zu haben. Mich allerdings beruhigt diese italienische Problemlösung keineswegs. Mein deutsches Gewissen ruft nach einer weißen Weste und die gibt's nur im Finanzamt.

Erneut zeigt diese Behörde, wozu der italienische Beamtenapparat fähig ist, wenn er nur will. Nicht mal eine Viertelstunde warte ich auf einem der blauen Plastikschalensitze und schon spreche ich mit einer Sachbearbeiterin. Die fühlt sich – typisch italienisch – nicht zuständig, aber hat – ganz untypisch – sofort eine Problemlösung bereit. Ich solle auf die andere Seite des Schalters kommen und ihr folgen. Endlose Gänge entlang bis zu einer grauen Tür, die offen steht, dahinter sitzt an einem Stahlschreibtisch ein Angestellter, Marke Bücherwurm, im fortgeschrittenen Alter. Rechts und links türmen sich Akten bis zu seinen Ohren.

„*Sì*", sagt er, schaut flüchtig hoch und widmet sich wieder seinen Unterlagen. „*Mi dica*, was wünschen Sie?"

Ich trage dem Papierberg mein Anliegen vor.

„Warum wollen Sie Ihre Arbeit anmelden?", schallt es aus den Dokumenten hervor.

„Hhmm. Weil ich dachte, das müsste ich."

Eine Hand schiebt sich seitlich aus dem Aktenwall hervor, kramt in einer Schublade, findet einen Taschenrechner und tippt.

„*Non vale la pena*. Das lohnt sich nicht."

„Was heißt, das lohnt sich nicht?"

„Ein Gewerbe anzumelden kostet Gebühren, monatliche Abgaben, 20 Prozent des Umsatzes werden sofort abgezogen, später die Steuern." Die Hand tippt in Schallgeschwindigkeit. „*Non le rimane niente*. Da bleibt Ihnen nichts übrig, bei den geringen Verdiensten."

„Aber, ich lebe doch in Italien. Ist es nicht meine Pflicht, zum Funktionieren des Staates beizutragen?"

Der Kopf erhebt sich hinter dem Papierberg, runzelt die Stirn und mustert mich kritisch über den Brillenrand hinweg. Auf diese Idee war wohl noch kein Italiener gekommen. Der kümmert sich lieber um sich selbst und wirtschaftet in seine eigene Tasche. Immerhin muss er eine Familie durchbringen, und der Staat hilft ihm dabei recht wenig. Weder zahlt er den Kindergarten noch kontrolliert er die Zähne gratis oder stellt Schulbücher kostenlos zur Verfügung.

„Wenn Sie unbedingt wollen, können Sie eine *dichiarazione dei redditi* machen – die Einkünfte deklarieren." Ich nicke. Dann fliegen mir einige Fachbegriffe um die Ohren. Ich schnappe *modello unico* und *modello 730* auf, verstehe sonst nicht viel, nur, dass ich irgendwann wieder kommen soll.

Mein Telefon schellt. Angelo, mein Steuerfahnder, ist dran. Wie es mir gehe? Er habe eine Bitte: Seine Tochter plane, im Sommer an einem Schüleraustausch in Deutschland teilzunehmen, aber ihre Sprachkenntnisse seien noch dürftig, deshalb bräuchte sie dringend Hilfe. Ob ich, als *amica,* Freundin, nicht die nächsten drei Monate täglich *un'oretta*, ein Stündchen, mit ihr üben könnte?

Schweigen an meinem Ende der Leitung. Kann sich Angelo nicht vorstellen, wie spärlich meine freien Stunden sind? Weiß er doch, dass ich tagsüber den Schreibtisch hüte und abends meinen Schülern vorturne. Meint er, ich müsse ihm diesen Gefallen tun, weil er mich großzügig vor dem Finanzamt beschützt? Sollte ich *si* sagen, wird es dann die letzte Anfrage dieser Art bleiben? Sollte ich *no* sagen, muss ich dann womöglich mit einem Trupp Steuerfahnder in meinem Kurs rechnen? Bis heute dachte ich, solche Gefälligkeiten würden nur in Mafia-Filmen verlangt.

Nun führt kein Weg mehr dran vorbei, ich muss meine Steuern an den italienischen Staat bringen, koste es, was es wolle. Nach Befragungen aller Bekannter, einem Gang in die Handelskammer und in die *Comune* finde ich heraus, dass die großen Gewerkschaften kostengünstige Steuerberatungen anbieten. Bei denen erfahre ich, dass es für meinen Sonderfall kein Steuerformular gibt. Mit meinen Qigongkursen falle ich unter ein Limit und meine Einkünfte als Journalistin passen in keine Steuerschublade: Weder fest angestellt noch mit Grundbesitz in Italien, zwar freiberuflich, aber das Geld nicht bei italienischen Verlagen verdienend: Da solle ich doch meine Steuern in Deutschland zahlen.

„Oh nein", verkünde ich, „in der EU zahlt man Steuern, wo man seinen Wohnsitz und Lebensmittelpunkt hat, und das ist eindeutig in Florenz." Allgemeine Ratlosigkeit, Kollegen werden hinzugezogen. Was für ein einmaliger Fall!

Keiner mag mein deutsches Geld nehmen. Bis ich endlich bei den Katholiken einen Engel treffe: Signora Maria von der christlichen Gewerkschaft kennt sich aus, ich muss bloß meine Rechnungen ins Italienische übersetzen und sie kalkuliert mir in Sekundenschnelle meine Abgaben. Umarmen möchte ich diese Maria. Noch nie im Leben habe ich mit so viel Freude Steuern gezahlt. Was für ein Triumph! Wenn es nicht einen kleiner Haken gäbe. Das so genannte *modello unico*, das einzige, mit dem ich meine exotischen Verdienste versteuern kann, wird nur in einem Monat des Jahres ausgestellt: im Juni.

„Was für Zustände", klagt meine Mutter am Telefon, „aber ihr habt wenigstens schönes Wetter." Es folgen Tiraden über die Hamburger Schmuddeltage, den grauen Schneematsch, den verhangenen Himmel ...

„Auch wir tragen an manchen Tagen noch Daunenjacken", tröste ich sie. Zwar schummeln sich seit Februar immer mehr Frühlingstage in die Wochen, aber der wirkliche *primavera* wartet noch auf seinen Durchbruch. Täglich werden allerdings seine Vorboten sichtbarer: Die Luft duftet frisch und süß nach Veilchen, Primeln und Narzissen, die ihre Köpfe aus der Erde strecken. Vögel bauen eifrig ihre Nester, Eidechsen kriechen aus den Mauerritzen. Genau diese Stimmung wollen meine Eltern einfangen. Ihre zwei Flüge sind bereits gebucht. Zu Ostern sind sie da. Jetzt fehlt nur noch ein günstiges Hotelzimmer. Das sei nun meine Aufgabe.

Ein Hotel? In der Regel bettet der Florentiner sein Haupt zu Hause, außer er unterhält eine Affäre oder geht anrüchigen Geschäften nach. Da beides auf mich nicht zutrifft, schlage ich die *pagine gialle* auf: achteinhalb zitronenfarbene Seiten bedruckt mit Hunderten von Adressen, von der ABC-Herberge bis zum Wanda-Hotel. Die Zimmersuche scheint einen telefonischen Großeinsatz zu erfordern. Ich beschließe, mein Viertel zu Fuß zu inspizieren.

Überall erblicke ich plötzlich Hotels, von kleinen Pensionen bis zu Luxusherbergen. Ich klingle, klopfe, begutachte und lausche Geschichten: Der hochgewachsene Portier vom *Hotel Morandi alla Crocetta* erklärt, dass sein *albergo* in den Mauern eines fünfhundert Jahre alten Klosters ruht, in dem handwerklich begabte Nonnen feinste Stoffe aus Silber und Gold webten. Durch das *Hotel Monna Lisa* führt mich eine uniformierte Rezeptionistin. Stolz verkündet sie, dass in diesem siebenhundert Jahre alten Familienpalast bereits der Heilige *San Filippo* das Licht der Welt erblickte. Das *Hotel Brunelleschi,* so erfahre ich, war im Mittelalter einer der dreihundert Wohntürme, die die Florentiner Adligen bis zu achtzig Meter hoch in den Himmel zogen, um damit ihre Macht zu demonstrieren. Jedes dieser Häuser ist mit Antiquitäten ausstaffiert und raffiniert eingerichtet. Wenn da bloß nicht diese Preise wären. Eine Suite kostet schnell mal 700 Euro und ein normales Doppelzimmer immerhin noch die Hälfte. Selbst für die allerbilligste Absteige verlangen die Hoteliers 100 Euro. Vor fünfzehn Jahren bekam ich ein Zimmer in Florenz noch für 30 Mark. Dafür gibt's heute nicht mal mehr ein Feldbett in der Jugendherberge.

Erschöpft lande ich im *Hotel Cimabue.*

„Hey, Andrea, was sucht du in Florenz?"

„Chris, was machst du hier an der Rezeption?"

Als ich sie vor zehn Jahren das letzte Mal sah, war sie Sekretärin in einer Sprachschule. In London aufgewachsen, hatte sie Kunst in Florenz studiert, sich verliebt und war geblieben. Seither füttert sie ihren Freund durch. Er malt und verspricht ihr jedes Jahr aufs Neue seinen großen Durchbruch als Künstler. Ich frage sie lieber nicht nach Raffaèle, sondern erzähle von meinen Zimmernöten.

„Klar mache ich einer Freundin einen Sonderpreis. Wie wär's mit 80 Euro statt 110? Allerdings müsstet ihr eine Woche fest buchen."

Meine Eltern sind begeistert: Ihr Zimmer ist zwar winzig und verwinkelt, steckt aber voll italienischem Flair. Sie lieben die Deckenfresken und antiken Holzmöbel. Aber auch eine Klimaanlage fehlt nicht, der Safe ist im Schrank, der Fernseher auf dem Tisch und das Bad sauber. Der Chef spricht sogar ein paar Worte Deutsch und kümmert sich höchstpersönlich um die beiden. Er schenkt ihnen einen Stadtplan und zeichnet den Weg zu meiner Wohnung ein.

Bei Cappuccino eröffne ich ihnen am Ostersonntag, dass das Suchen von Ostereiern hier ein gänzlich unbekannter Brauch ist, stattdessen pilgern alle in den Dom, um sich dort das Glück vorhersagen zu lassen. Dabei folgen sie einem mysteriösen, fünfhundert Jahre alten Osterbrauch: *Scoppio del carro*. Wir schließen uns an.

Gregorianische Gesänge erfüllen das Kirchenschiff und versetzen uns in eine feierliche Stimmung. Über unseren Köpfen wölbt sich die drittgrößte Kuppel der Welt, von Vasari mit bonbonfarbenen Engeln ausgemalt. Giulio schiebt meine Eltern über den glänzenden Marmorboden in die Mitte der Halle bis zu einer Absperrung. Darüber ist ein Seil gespannt. Es führt in sieben Metern Höhe von der Apsis durch das ganze Gotteshaus bis zum gigantischen Bronzeportal und weiter ins Freie, auf den Kirchplatz. Dort endet der Strang an der Spitze eines reich verzierten Holzgestells auf Rädern. Rot, grün und golden bemalt, ragt es wie eine Pagode meterhoch in den Himmel.

„Seht ihr die Taube aus Papier, die *colomba*, dort oben?", fragt Giulio und zeigt auf den Anfang des Seiles in der Apsis.

Wir sehen gar nichts. Das Licht ist schummerig, die Chöre tönen, immer mehr Menschen drängen in die Kirche.

„Gleich saust die Taube los, das Seil entlang", erläutert mein Freund den alten Brauch. „Schafft der Papiervogel den ganzen Weg übers Seil bis zum Wagen dort draußen und auch wieder zurück, beschert uns das ein finanziell erfolgreiches Jahr." Sollte der Vogel jedoch irgendwo hängen bleiben, sei nichts Gutes für die nächsten 365 Tage zu erwarten, zumindest, was die Finanzen anginge.

Was hat unser Geld eigentlich mit Christus zu tun? Ist heute nicht Ostern? Das höchste Fest der Katholiken, an dem wir des Todes und der Auferstehung Jesu gedenken sollten? Die Florentiner schert das wenig. Bei den meisten steht Gelderwerb an erster Stelle. Dagegen hat auch die altkommunistische Regierung der *Democratici di Sinistra* nichts einzuwenden. Heißt es doch im Volksmund: „Die Kommunisten tragen ihr Herz links und den Geldbeutel rechts."

Die Geschäftstüchtigkeit der Florentiner hat seine Wurzeln bereits im Mittelalter. 1252 prägten sie ohne Einverständnis des Papstes ihre eigene Münze: *il fiorino*, den Florin. Den Papst erzürnte es sehr, doch Gottes Vertreter auf Erden war machtlos, denn sogar er benötigte das Geld der Florentiner. Über ein ausgefeiltes Bankensystem verliehen sie es an Könige und Fürsten in ganz Europa und nahmen Wucherzinsen von bis zu zweihundert Prozent. In Kürze wurde Florenz zur reichsten Stadt des Abendlandes und der Florin die härteste Währung des Kontinents, was über Jahrhunderte so blieb. Falls ein Florentiner Banker bei seinen Geschäften ein schlechtes Gewissen bekam, kaufte er sich mit einer großzügigen Kirchenspende von seinen Sünden frei. Je reicher die Händler und Bankiers wurden, desto prächtiger gestalteten sie ihre Kirchen.

Plötzlich Trommelwirbel, Schritte, Gemurmel. Durch das gigantische Bronzeportal treten Männer in mittelalterlichen

Trachten und marschieren feierlichen Schrittes unter dem Seil entlang zum Chor. Die Mitra des Erzbischofs ragt von weitem aus dem Zug, Mönche in weißen Kutten folgen, hinter ihnen Politiker und lokale VIPs. Mit kräftiger Stimme beginnt der Erzbischof die Predigt. Der Chor singt das *Gloria.* Dann schlagartig Stille. Ein lauter Knall wie eine Explosion, und die Papptaube ist plötzlich unübersehbar: Mit einem Schweif aus Funken zischt sie das Seil entlang wie eine Rakete, von der Apsis durch die Kirchenhalle ins Freie, in Richtung des bunten Wagens. Tausende von Augenpaaren folgen ihr gebannt. Der Vogel schaukelt bedenklich, wird langsamer, schiebt sich schwerfällig vorwärts. Grabesstille im ganzen Dom. Jeder hält den Atem an, auch ich! Hoffentlich schafft es die träge Taube!

Giulio hat mich angesteckt. In Sachen Aberglauben lässt er nicht mit sich spaßen. Vielleicht liegt das an seinen neapolitanischen Großeltern. In Süditalien sind *superstizione* und Weissagungen bis heute fester Bestandteil des Lebens. Einem Buckligen über den Rücken zu streichen bringt dort ebenso Glück wie der Tritt in einen Hundehaufen oder der Taubenschiss auf dem Kopf. Strengstens verboten ist es hingegen, unter einer Leiter durchzuspazieren oder in einem Haus den Schirm aufzuspannen, und sei es im Hausflur zum Trocknen.

Gegen den bösen Blick hilft eine Kette mit einem *curniciello,* einem Hörnchen aus roter Koralle. Es hat den Vorteil, dass es zusätzlich die Fruchtbarkeit des Trägers steigert. Mit einer Voraussetzung: Das *curniciello* muss geschenkt worden sein. Wer es sich selbst kauft, macht es wirkungslos. Selbst die Lottozahlen lässt sich der Süditaliener voraussagen, und zwar von den eigenen Träumen. Mit Hilfe des so genannten *smorfia*-Buches werden die Szenen in Ziffern umgedeutet. Ein geträumtes Schwein steht für die Nummer 5, ein Palast vertritt die 70 und eine nackte Frau – die darf natürlich in Italien nicht fehlen – die Zahl 21.

Warum sollte sich also in Florenz eine Papiertaube nicht unserer Finanzen annehmen? Sie schaukelt, schwankt und robbt Zentimeter für Zentimeter übers Seil, zusehends langsamer, kurz vor der Erschöpfung berührt sie den *carro*, den Wagen des heiligen Feuers. Ihr Funke springt über: Es knallt und kracht an allen Seiten, Goldregen prasselt nieder, Feuerwerkskörper schießen in den Himmel, und die Taube tritt ihren Rückweg an. Rauscht von einer zweiten Rakete angetrieben zurück in Richtung Apsis.

Mein Herz pocht schneller. Der Aberglaube hat mich erwischt. Nervös trete ich von einem Fuß auf den anderen. Am liebsten würde ich pusten, schieben, irgendetwas tun. Alle starren auf den Pappvogel. Plötzlich rutscht Giulios Hand zwischen seine Beine, und er drückt zu.

„Was machst du da?", frage ich und stoße ihn entrüstet an.

„Ich wende das Unglück ab."

„Was?"

„Ja, wenn Gefahr in Verzug ist, muss man dreimal drücken. Das wussten schon die alten Römer."

„Na hoffentlich hat das meine Mutter nicht gesehen, die findet das nämlich unanständig."

Plötzlich tosender Applaus, allgemeines Aufatmen, Stimmengewirr. Der Vogel hat es geschafft, ist angekommen. Unsere Finanzen sind gerettet. Mein Vater fragt, ob die prophezeiten Erfolge auch für ihn in Hamburg gelten. Wir sind uns ziemlich schnell einig, dass das der Fall sein müsste.

Vor dem Dom schluckt uns ohne Vorwarnung ein Schwarm Touristen. Zu Ostern belagern sie Wege, Plätze und Fußgängerzonen der Altstadt. Auf 67 000 Florentiner, die das *centro storico* bewohnen, kommen jährlich vier Millionen Urlauber. Trete ich aus dem Hauseingang, zieht mich bisweilen ein Strom Unbekannter einfach mit. Egal, ob ich etwas besorgen muss, Giulios Schwester Anna, meine Freundin Barbara oder Katia im Bioladen besuchen will, auf direktem Weg komme ich nicht mehr an. Zwar sind die Trupps schon von weitem an den Fähnchen oder Regenschirmen auszumachen, die ihre Anführer in die Höhe strecken, doch führt ein Slalomlauf um sie herum nicht zwangsläufig zum Erfolg. Mitunter verheddere ich mich gnadenlos.

„Jetzt hätt' ich gern einen Privatgang durch die Altstadt, so wie schon die alten Medici", meint Giulio und spielt dabei auf den Vasarigang an, der von den Uffizien, in denen er arbeitet, zum knapp einen Kilometer entfernten Palazzo Pitti auf der anderen Arnoseite führt. 1565 erbauten ihn die Fürsten, um ungestört von ihrem Wohnpalast zum Regierungssitz zu gelangen. Giulio kennt den Gang genau, denn regelmäßig führt er Touristen durch den *corridoio*, in dem dreihundert Porträts ausgestellt sind. Heute will er meine Eltern an der endlosen Warteschlange vorbei durch den Hintereingang in das berühmte Museum schleusen und läuft deswegen voraus. Ich manövriere die beiden hinter dem Dom herum, auf einen Schleichweg zu den Uffizien.

Plötzlich ist meine Mutter verschwunden. Mein Vater steht grinsend neben mir und deutet mit einem Kopfnicken auf die andere Straßenseite. Ich hatte vergessen, wie angsteinflößend der italienische Verkehr sein kann.

„Das Wichtigste sind Ruhe und Zielstrebigkeit", erkläre ich und hake sie unter. „Alle Beteiligten müssen klar erkennen, was du vorhast." Ich ziehe sie einen halben Meter aufs Pflaster. „Hektisches Zurückspringen gefährdet alle." Wie eine Eiche bleibe ich auf den eroberten Zentimetern stehen. „Und jetzt suchen wir eine Lücke."

„Da ist keine Lücke!"

„Keine wie in Deutschland. Sagen wir ein Lückchen. Das musst du ausbauen. Über Augenkontakt suchst du einen Bremswilligen." Eine Vespa röhrt an uns vorbei, ein Taxi fährt, als hätte es einen Notfall an Bord, ihm folgt ein zweites im gemäßigten Tempo. „Das ist die Lücke", rufe ich, schaue dem zweiten Taxifahrer für eine Sekunde in die Augen. Er hat uns gesehen, macht keine Anstalten, Gas zu geben oder zu hupen. Ich gehe los. Aus dem Augenwinkel sehe ich, wie der *tassista* abbremst und uns die Lücke lässt, die wir brauchen, um auf die andere Straßenseite zu gelangen.

„Schau mal, hier gibt's Schuhe in meiner Größe", ruft meine Mutter euphorisiert, als ich sie durch die *Via dei Calzaiuoli,* die alte Gasse der Schuhmacher, steuere. „Hunderte von Paaren in 35! In Deutschland gibt's das nur in der Kinderabteilung", sagt sie und verschwindet im Laden von *Santini & Dominici.* Sie könnte glatt für jedes Kostüm ein anderes Paar erstehen. Aufgeregt inspiziert sie ein Geschäft nach dem nächsten. Bei *Calvani* in der *Via degli Speziali* findet sie bequeme Halbschuhe für den Urlaub, bei *Romano* auf der *Piazza della Repubblica* einen stilvollen Klassiker. Mein Vater versteht die Aufregung um die Fußbekleidung nicht. Ein großes Eis tät's doch auch. Stattdessen bekommt er ein Paar handgemachte *Sutor Mantellassi* verpasst. Ich erinnere daran, dass Giulio wartet, schnappe mir die Tüten und lotse die beiden zum Personaleingang der *uffizi.*

Nach ein paar Tagen sind meine Eltern vom Shopping und den Museumsbesuchen erschöpft und ich nehme sie mit auf meinen wöchentlichen Einkaufsbummel in die Markthallen von *San Lorenzo,* in unseren *Mercato Centrale.*

Eine Nudelpresse in der Größe einer Mangelmaschine zieht meine Mutter sofort in den Bann. Aufmerksam verfolgt sie, wie der frische Pastateig hindurchgeschoben wird und am Ende die *tagliatelle* rauskommen, die ich heute Abend mit einer pikanten Grünkohlsauce, dem *cavolo nero,* für sie kochen will.

Mein Vater filmt unterdessen eine Fleischerin, rundlich und mit roten Wangen. Lachend reicht sie ihm ein Stück luftgetrocknete *salsiccia* zum Probieren. Hinter ihr hängt eine halbe Kuh von der Ladendecke, daneben ein aufgeschlitztes

Schwein am Fleischerhaken, die Auslage zieren gehäutete Kaninchen und gerupfte Hühner, auf dem Tresen thront ein Wildschweinkopf mit einem Bündel Petersilie im Maul.

„Solche Märkte kenne ich nur aus meiner Kindheit!", ruft mein Vater begeistert und wirft sofort das Urlaubsprogramm über den Haufen. Ohne lang zu zögern, streichen meine Eltern weitere Florentiner Museen von ihrem Tagesplan und machen sich auf, die unbekannten Gassen der Stadt zu erkunden.

Auf der *Piazza Santo Spirito* finden sie einen Tischler, der von Hand Möbel drechselt und polstert, in der *Via dei Sapiti* einen Schmied, der mit schwerem Werkzeug Eisen zu Tischen, Stühlen und Balkongittern formt, und in der *Via del Leone* im Viertel *San Frediano* entdecken sie einen Ikonenmaler, einen Lampenbauer und einen *violinaio*, einen Geigenmacher, namens Leonardo.

Dem schauen sie so lange neugierig über die Schulter, bis er sie einlädt, seine Werkstatt zu besichtigen. Kein Problem, dass er kein Deutsch spricht und sie kein Italienisch. Der *violinaio* zieht Hölzer aus einem Stapel hervor, demonstriert ihre Biegsamkeit, sägt ein Stück heraus und leimt zwei Teile Holz zusammen. Langsam können sich meine Eltern vorstellen, wie so ein Violinenkörper wächst, und machen beeindruckte Gesichter. Daraufhin winkt er sie in einen zweiten Raum, in dem Dutzende von Geigenbögen in einem Wandschrank stehen.

„La mia specialità", verkündet der *violinaio*.

„Aha", sagt mein Vater, „darauf hat er sich spezialisiert."

Der Italiener nickt begeistert, greift eine Violine und spielt ein Lied. Erst mit einem Bogen, dann mit einem anderen.

„Was für ein Unterschied", kommentiert meine Mutter und ermuntert ihn mit einer Handbewegung, weiter zu musizieren. Nach dem Konzert können sie nicht einfach gehen. Der *violinaio* weist auf zwei Holzstühle, wischt mit der Hand den

Staub runter, bedeutet ihnen, sich zu setzen, und huscht aus dem Raum.

Die beiden hören lautes Geklapper, Wasser rauschen, und als der Duft von *caffè* um die Ecke dringt, wissen sie Bescheid. Auf einer Untertasse serviert der Geiger Kekse. So hart, dass mein Vater sich fast einen Zahn ausbeißt. Der Gastgeber schüttelt den Kopf.

„No, no! Deve inzupparlo nel caffè!“, erklärt er und taucht zur Verdeutlichung seiner Worte seinen Keks in den *caffè,* wartet, bis der so genannte *cantuccino* weich wird, und steckt ihn in den Mund.

„Und wenn wir das nächste Mal wieder kommen“, verkündet mein Vater abends bei meiner *pasta al cavolo nero,* „dann wollen wir noch mehr vom Alltagsleben hier sehen.“

April

Benvenuto Sommer

Die Sonne hat sich entschieden: Es ist Frühling. Ihre kraftvollen Strahlen verscheuchen die Wolken vom Himmel. Keiner grämt sich mehr über die paar Gewittergüsse, denn *il sole* ist jetzt die dominierende Kraft: Mit 25 Grad strahlt sie auf die Erde und erweckt alles zur Blüte. Hyazinthen drängen aus den Mauernischen. Die Orchideen des botanischen Gartens strecken ihre Köpfe gen Himmel. Glyzinien tropfen wie blauer Regen über die Steinmauern der alten Paläste und verströmen ihren süßlich-herben Duft. Flieder, Wildkirschen und Magnolien setzen violette, rosa und weiße Tupfer über die umliegenden Hügel. Eidechsen und Schlangen kriechen für ein Sonnenbad aus den Mauerritzen.

Vor allem aber erwacht der italienische Mann aus dem Winterschlaf. Seine Triebe melden: Jetzt ist Balzzeit. Täglich beobachte ich mehr Exemplare, die mit weit aufgeknöpftem Hemd durch die Straßen stolzieren und die Objekte der Begierde aus ihrem Versteck hinter der dunklen Sonnenbrille beobachten und abwägen, welche Grazien mit Pfiffen oder Sprüchen bedacht werden.

Die Italienerin tut ihr Möglichstes, damit die Wahl auf *sie* fällt. Formbewusst stellt sie ihren Körper zur Schau: Mit enormen Absätzen verlängert sie ihre Beine. Ihren Po setzt sie mit einen knallengen Minirock in Szene. Ein Push-up bringt ihre Brüste in Form. Falls sie es unauffälliger liebt, lässt sie ihre natürlichen Formen wie zufällig durch ein Chiffonkleid schimmern. Mit natürlich nur einem Ziel: *ihn* ins grausamschöne Spiel der Liebe zu verstricken.

Die Varianten der Verführung sind unendlich und nahmen bereits im Florenz des 14. Jahrhunderts solch bizarre Formen an, dass Luxusgesetze nötig wurden, um die Präsentierlust der Damen zu bremsen. Sie stöckelten auf bis zu fünfzig Zentimeter hohen Absätzen umher, schlitzten ihre Röcke bis zur Pobacke und trugen ihre Kleider busenfrei, um den erotischsten Teil ihres Körpers öffentlich zur Schau zu stellen. Dieses Lebensgefühl voller Eros beherrscht bis heute den Florentiner Frühling.

Mich irritieren die frühlingsbetörten Italiener. Auf keiner Bank, keiner Wiese, an keiner Bushaltestelle fühle ich mich mehr unbeobachtet. Beschlipste Geschäftsmänner taxieren jedes weibliche Geschöpf, das ihnen auf dem Gehweg entgegenkommt. Bauarbeiter pfeifen von den Gerüsten, Männer raunen mir an der Straßenecke zweideutige Komplimente ins Ohr – offensichtlich mangelt es mir an der richtigen Körpersprache, die die Liebeskranken auf angemessenen Abstand hält. Ganz anders die Italienerinnen: Ohne eine Miene zu verziehen, stöckeln sie arrogant über die *piazza*. Dabei meiden sie jeden Blickkontakt mit dem anderen Geschlecht. Genauso scheint das Spiel zu beginnen: Lasse ich einen Italiener länger als eine Sekunde in meine Augen schauen, übersetzt er das als Einladung zum Flirt. Damit auch ich weiterhin sehen kann, wohin ich will, muss ein visuelles Schutzschild her: Ich kaufe mir die erste Sonnenbrille meines Lebens und studiere das Treiben der Italiener weiter aus dem Dunkeln heraus.

Vielleicht ist dem ganzen mit Humor beizukommen? Beim nächsten Flirtversuch lasse ich entspannt die Pfeile des Amor durch mich hindurchgleiten, und tue so, als hätte ich das Geplänkel gar nichts bemerkt. Ich spreche mit meinem Gegenüber, als würden wir sachlich ein Problem erörtern. Das Resultat ist erstaunlich: Ein Großteil der Liebestollen beruhigt sich in Kürze. Ganz so, als wären sie glücklich, einen

Moment lang nicht ihre Potenz demonstrieren zu müssen. Die Übrigen treten verwirrt die Flucht an.

Dank meiner neuen Geheimwaffe kann ich nun endlich ungestört meinen Sonnenhunger stillen. Der könnte nach den Wintermonaten in unserer düsteren Wohnung nicht größer sein. Kurzerhand verlege ich meine Computerarbeit auf die Nächte und ziehe tagsüber mit einem Stapel Bücher und Zeitungen unter dem Arm auf die hausnahe *Piazza Santissima Annunziata*.

Dabei ist die *piazza* kein normaler Platz, sie ist eine Art Wohnzimmer all derer, die im Viertel leben und der Enge ihrer Apartments entfliehen wollen. Es ist ein Ort zum Streiten und Versöhnen, zum Musizieren und Lesen, zum Lieben und Lachen, und um einen *caffè* zu trinken, ein Schwätzchen zu halten, den Hund Gassi zu führen, für Hochzeits- oder Tauffotos zu posieren, zu sehen und vor allem: gesehen zu werden.

Zur Vollständigkeit einer jeden *piazza* gehört ein Brunnen, eine Skulptur, meist ein Baum, eine Kirche, ein Zeitungskiosk, mindestens eine *bar* – in unserem Fall zwei – und fast immer ein paar Stufen, auf die man sich setzen kann, manchmal ein Markt für Blumen und Gemüse, Kleider oder Bücher – in unserem Fall nicht, dafür trumpft der *Platz der Heiligsten Annunziata* mit einem Museum auf, einem Kindergarten und einem Ort für Armenspeisung, direkt neben einem Viersternehotel.

Gegenüber auf den uralten Stufen des *Ospedale degl'Innocenti* räkelt sich eine Gruppe von Studenten. Unter den Arkaden der mittelalterlichen Servitenkirche empören sich drei ältere Herren über die Politiker, diese Diebe. Keiner nimmt die Schönheit der Baudenkmäler mehr wahr. Eine Frau taucht ihr Taschentuch neben dem Reiterdenkmal in einen vierhundert Jahre alten Brunnen, in den zwei eiserne Drachen Wasser speien. Wie selbstverständlich poliert sie damit den Taubenschiss von ihrem Fahrradsattel.

Eine Trillerpfeife ertönt: Ein Autofahrer hat die *poliziotti* übersehen, die paarweise über die Florentiner Plätze wachen. Ungesehen wollte er die Abkürzung über die *piazza* nehmen, die als Fußgängerzone ausgezeichnet ist. Tatsächlich passieren aber fast sämtliche Gefährte des Viertels zu irgendeiner Tages- oder Nachtzeit diese zweihundert verbotenen Meter. Die Alternative ist ein zwei Kilometer langer Umweg durch die Einbahnstraßen. Der *poliziotto* hält die Abkürzung allerdings für nicht vereinbar mit dem Gesetz und erhebt warnend seinen weißen Handschuh.

Ich widme mich meiner täglichen Lektüre: der linksliberalen Zeitung *„La Repubblica“*, eines der Presseorgane, die Silvio Berlusconi nicht im Würgegriff hat. Das macht sie zu einer der wenigen kritischen Stimmen im Land. Verstehen kann ich die Artikel allerdings erst seit kurzem: seit ich, mit Barbaras Hilfe, endlich Bekanntschaft mit allen siebzehn Verbformen gemacht habe – vom *Gerundio* bis zum *Trapassato Remoto* – und wir gemeinsam die größten Lücken meines Wortschatzes geschlossen haben. Seither gelingt Giulio nur noch selten ein Eintrag auf seiner Belustigungstafel, und ich laviere mich durch alle Zeitungsartikel.

Mein Auge bleibt an einer Reportage über zwei berühmte Antimafia-Richter hängen: *Paolo Borsellino* und *Giovanni Falcone.* 1992 ermordet, leben sie bis heute im Herzen der Italiener weiter, denn gemeinsam brachten sie über dreihundert Mafiosi hinter Gitter. Für diese Mission setzten sie täglich ihr Leben aufs Spiel. Keine Morddrohung konnte sie aufhalten – bis sie verraten wurden, wahrscheinlich von einem Beamten aus den eigenen Reihen, der ihre Aufenthaltsorte preisgab. Das war ihr Todesurteil. Seither sind die beiden Männer die Ikonen des Kampfes gegen die Mafia.

Trotz allen Widerstandes erwirtschaftet die Mafia hundert Milliarden Euro im Jahr (ein Drittel des belgischen Bruttosozialprodukts). Sie macht Geschäfte mit Drogenhandel, Prostitution, Schutzgelderpressung und Subventionsbetrug und unterwandert immer mehr legale Wirtschaftsfelder wie das Bauwesen, die Müllentsorgung und Bankgeschäfte. Dabei ist ihr Rückendeckung sicher, denn die Mafia funktioniert wie eine große Familie und hat einige ihrer 20 000 Mitglieder in den höchsten Etagen von Politik und Wirtschaft sitzen. Selbst dem siebenfachen Ministerpräsidenten Giulio Andreotti wurden in einem Prozess frühere Beziehungen zur Mafia nachgewiesen.

Über Silvio Berlusconi gibt es nur Spekulationen. Beweise fehlen. Allerdings fanden Mailänder Richter seinen Namen auf der Mitgliedsliste der P2, einem Geheimbund, der in den 80er Jahren die italienische Regierung stürzen wollte. Außerdem ist bis heute ungeklärt, woher Berlusconis enormes Anfangskapital stammt. Trotzdem konnte er Staatschef werden, und Andreotti sitzt als Senator auf Lebenszeit in der Regierung. Bei solchen Vorbildern fragen sich wohl viele Italiener, warum gerade sie sich an die Gesetze halten sollten.

Es trillert penetrant auf der *piazza*. Ich schaue hoch. Das Auto schiebt sich trotz Protest des *poliziotto* bedächtig weiter. Der Polizist stoppt den Wagen mit der Kelle. Nein, diese Genehmigung gelte hier nicht! Der Fahrer entschuldigt sich für sein Unvermögen, gesteht seine Hilflosigkeit, zeigt Reue und bittet den Polizisten, ihm doch bei der Lösung des Problems zu helfen, er müsse nun mal unbedingt auf die andere Seite des Platzes. Die Diskussion wird lauter und scheint so bald kein Ende zu finden.

Ich lese weiter: Nach dem Mord an den Richtern Falcone und Borsellino gingen Hunderte von Witwen der Mafiaopfer auf die Straße. Eine von ihnen war Rita Borsellino, die Schwester des Ermordeten: Heute ist sie Vorsitzende der größten Antimafia-Organisation Italiens. Einige Millionen Unterschriften sammelten sie für ein Gesetz, das erlaubt, konfiszierten Mafiabesitz umzunutzen.

In der Hochburg Corleone zog nach diesem Modell eine Bibliothek in eine Mafiavilla ein, ein Schule in einen *palazzo*, und auf den Feldern des ehemaligen Mafiabosses *Salvatore Riina* wird heute Weizen für die „Pasta Antimafia" angebaut. Die Einnahmen aus dem Verkauf der Nudeln kommen sozialen Einrichtungen zugute. Diesem Modell werden noch viele Objekte folgen, denn pro Jahr beschlagnahmt der Staat circa 400 Besitztümer der Mafia, seit 1996 waren es fast 3000.

Besonders die junge Generation hat die Nase voll von der Mafia. In Palermo beschlossen ein paar junge *bar*-Besitzer: „Wir zahlen kein *pizzo*, kein Schutzgeld!" Stattdessen druckten sie Tausende von Aufklebern mit dem Satz: „Ein ganzes Volk, das *pizzo* zahlt, ist ein Volk ohne Würde". Damit plakatierten sie die Stadt. Sie riefen dazu auf, jeden, der Schutzgeld verlangt, anzuzeigen. Um die Mutigen zu unterstützen, geben sie eine Liste für schutzgeldfreies Einkaufen heraus. Hunderte von Ladeninhabern folgten ihrem Aufruf. Unterstützt werden sie von der satirischen Antimafia-Zeitschrift *‚il pizzino'* (Schutzgeldchen), die ein paar mutige Studenten herausgeben. Sie wollen zeigen, dass „die Mafia nicht mehr wert ist als die Löcher in unseren Taschen".

Ich schlage die Zeitung zu. Der Polizist und der Autofahren haben sich endlich geeinigt. Der *poliziotto* winkt den Wagen mit großzügiger Geste über die *piazza* und ruft dem Fahrer hinterher: „Das war aber das letzte Mal!"

Wenn ich mich mit meiner Schwiegermutter in spe bloß ähnlich großzügig arrangieren könnte: Jeder geht seines Weges und lässt den anderen leben. Stattdessen versucht Signora Santini weiterhin, an mir herumzuerziehen. Nur ich habe meine Strategie geändert: Jedes Mal, wenn sie an meinem Verhalten rumdeutelt, behaupte ich, ich tue nur, was sich Giulio von mir wünscht. Sollte sie also Verbesserungsvorschläge haben, müsse sie alle mit ihm besprechen. Parallel rufe ich ihn auf dem Handy an und instruiere ihn. Dieses

System ist quasi schwiegermuttersicher, und ich fühle mich ausnahmsweise gewappnet für das anstehende Familientreffen im *ristorante.*

„Buonasera, Signora Santini.“ Ich lächle freundlich.

Sie taxiert mich von oben bis unten und setzt ihre mir wohl bekannte, verachtungsvolle Miene auf.

„Giulio viene più tardi, kommt später“, sagt sie mit Genugtuung in der Stimme, „aber wir können ja schon mal auf meinen *onomastico* anstoßen.“ Sie reicht mir einen Prosecco. Die Gläser klirren.

Ihren *onomastico*? Was war denn das bloß noch? Und warum hat mir Giulio nichts davon gesagt? Oder hatte er? Das Wort war in den letzten Tagen mal gefallen, aber ohne Erklärung.

Anna kommt um die Ecke. An einer Hand Lulù, in der anderen ein Geschenk. Sara streckt ihrer Oma einen Blumenstrauß entgegen. Mir schwant, dass ich nicht hätte mit leeren Händen kommen dürfen. Könnte sich jetzt keine Klappe im Boden auftun? Zu spät, Signora Santini hat den Trumpf schon auf ihrer Seite. *Che fiasco!*

„Wo zum Teufel bleibst du? Und was ist verdammt noch mal ein *onomastico*?“, flüstere ich vom Klo aus in mein Handy.

„Der Namenstag. Das hab' ich dir doch vorhin gesagt, heute ist *Santa Amalia*! Der Namenstag meiner Mutter. Der ist ihr wichtiger als ihr Geburtstag“, antwortet Giulio mit gehetzter Stimme, „ich bin gleich da, aber ich hab' auch kein Geschenk.“

Am Ende wird Signora Santini mich auch dafür verantwortlich machen, denn als Frau hätte ich mich um solche Dinge kümmern müssen. Mein Blick fällt aus dem Klofenster. Am liebsten würd' ich rausklettern und mich verdrücken.

Un momento, auf der Straße läuft ein Rosenverkäufer vorbei. Ich pfeife einmal kräftig, rufe, bis er mich sieht, und winke ihn heran.

„Fünfzig Euro?" Das Schlitzohr hat meine Notlage erkannt. Egal, ich gebe meinen letzten Schein für seine letzten zweiunddreißig Rosen.

„*Auguri.* Glückwunsch noch mal, Signora Santini", sage ich und reiche ihr den kussmundfarbenen Strauss. Sie nimmt ihn, als sei er eine Beleidigung, und legt ihn, ohne ihn zu beachten, auf einen Holzstuhl in der Ecke. Damit ist meine Niederlage besiegelt.

Giulio plagt noch am nächsten Tag das schlechte Gewissen. Als Wiedergutmachung ist er früher von der Arbeit zurück und entführt mich von meinem Schreibtisch aus auf einen *gelato*-Spaziergang, denn er weiß, wie verrückt ich nach italienischem Eis bin.

„Kennst du die *granita?*", fragt er.

Ich schüttele den Kopf.

„Das haben die arabischen Eroberer auf Sizilien erfunden. Sie kippten einfach Fruchtsaft über den Schnee des Ätna und fertig war das Wassereis. In der *Via Ricasoli* ist eine sizilianische Eisdiele!"

„Was hältst du von Schokoeis? Da sind mehr Glücklichmacher drin und im Vestri gibt's Schokoladeneis sogar mit Orange, Minze oder Chili", schlage ich vor und steuere ihn in Richtung *Borgo Albizi* zu meiner Lieblings-*cioccolateria,* die bis zur Decke vollgestopft ist mit Produkten aus der Kakaobohne. „Wir könnten aber auch ins *Vivoli* gehen, die haben das beste hausgemachte Fruchteis der Stadt; Kiwi, Feige, Maronen!"

„*Che esperta!* Wenn du so gut Bescheid weißt, bring ich dich jetzt zum größten *gelato*-Verrückten der Stadt: *Damiani.* Der steht jeden Tag 18 Stunden in seiner Eisdiele und erfindet permanent neue Sorten. Und die, die es schon gibt, verbessert er. Und das seit 38 Jahren! Ohne je einen Tag frei zu machen."

Dafür nehme ich glatt einen halbstündigen Fußmarsch auf mich: bis zur *Piazza Burchiello,* außerhalb der Stadtmauer.

Wie eine Skulptur spachtelt der graubärtige *Marcello Damiani* die *gusti* in die hausgemachten Waffeln und kreiert ein Kunstwerk nach dem anderen, kulinarisch sowie optisch. In der Schlange vor seiner Eistheke, die den ganzen Raum ausfüllt, warten Bauarbeiter in dreckigen Arbeitsoveralls neben Geschäftsmännern mit Schlips und Aktentaschen, Studenten neben Pensionären und selbst die Hausfrauen, die tütenbepackt gegenüber aus dem Supermarkt kommen, machen einen Abstecher ins *Damiani*.

Wir reihen uns geduldig ein und nutzen die Zeit, zwischen den 54 Sorten auszuwählen. Soll ich das *latte di mandorle* nehmen oder das *pinolata?* Eis aus Mandelmilch oder Pinienkernen? Oder vielleicht das *bacio*, ‚Küsschen', Schoko mit Haselnüssen? Auch das *tiramisù* schielt mich an? „Zieh mich hoch" heißt es übersetzt.

„Und es funktioniert", scherzt Marcello, als wir an der Reihe sind. Der Kaffee im *tiramisù* gibt deinem Kreislauf einen Schub, die Schokolade wirkt als Aphrodisiakum, der Rum betört, vom Zucker, dem Ei und dem köstlichen *mascarpone* ganz zu schweigen ...

Ob mein exzessiver *gelato*-Verzehr am Ende daran schuld war, dass ich meine Gesundheit ruiniert habe? Zumindest rumpelt es noch Tage später in meinen Gedärmen. Seit Wochen habe ich ein merkwürdiges Bauchzwicken. Irgendwas stimmt nicht. Ich habe es nur verdrängt, da ich ohnehin keinen Arzt besuchen kann, denn dafür müsste ich ins staatliche Gesundheitssystem aufgenommen sein. Das kann aber noch Monate dauern.

Momento, sollte ich nicht im Februar meine Aufenthaltsgenehmigung abholen? Auch das habe ich verdrängt, denn in mir hat sich längst eine Ämterallergie breitgemacht.

„*Tutto pronto*! Sie müssen nur noch auf eine Unterschrift warten", verkündet die stets unfreundliche Dame der Ausländerbehörde. Brav warte ich. Und warte. Eine Stunde. Zwei.

In welchem Zeitlupentempo der Unterschreibende sich wohl bewegt? Und warum setzt er eigentlich erst jetzt sein Zeichen unters Papier? Immerhin hatte er dreieinhalb Monate Zeit dafür. Diese Behörde hat es sich augenfällig zur Aufgabe gemacht, Ausländer zu quälen. Aber wieso sollte ich mir meine Frühlingsgefühle vergällen lassen? Ich schlage ein gutes Buch auf und lese, bis ich den hübschen blauen *permesso di soggiorno,* die Aufenthaltsgenehmigung, erhalte. Mit einem Haken: Sie ist bereits abgelaufen! Wie kann das sein?

Der *permesso* ist ein halbes Jahr gültig, allerdings, so sehe ich, wird das vom Tag meiner Einreise berechnet. Hätte ich den Schrieb termingerecht im Februar abgeholt, hätte ich ganze drei Wochen meine Freude daran gehabt. Die Beantragung einer Verlängerung gestaltet sich ähnlich kompliziert und verwirrend wie der erste Durchgang. Die Behörde fordert von mir einen neuen Antrag, neue Fotos und eine gehörige Portion Hartnäckigkeit, bis sie mir im Tausch den himmelblauen Schnipsel mit dem neuen Abholdatum überreicht: Mitte Juni. Aber immerhin gewährt mir das winzige blaue Papier das Recht auf ärztliche Versorgung. Das heißt: auf einen Arzt, den ich – natürlich erst nach Nummernziehen und Schlangestehen – im zuständigen Amt aus einer Liste auswählen darf. Mit geschlossenen Augen tippe ich auf den Doktor, zu dem ich fortan gehen muss, egal ob ich schwanger bin, mir die Ohren sausen oder der Ischias mich zwickt.

Die *dottoressa* meiner Wahl stellt nach einer guten Minute fest: Mir fehlt nichts. Kaum hat sie den zweiten Satz begonnen, klingelt ihr Handy und sie bespricht zehn Minuten lang mit ihrer Mutter die Pläne fürs Abendessen. Ist das erledigt, rufen weitere Verwandte an. Am Ende findet sie noch einen zusammenhängenden Satz für mich: „Machen Sie ein Blutbild und einen Test auf Parasiten und Pilze." Sie reicht mir eine Art Überweisungsschein und sagt, für alles Weitere sei die zentrale Blutabnahmestelle zuständig.

Diese Behörde ist von 7.15 bis 8.15 Uhr geöffnet. Da ich mich inzwischen mit kurzen Öffnungszeiten auskenne, erscheine ich um 6.45 Uhr. Am mannshohen Gitter des kastenförmigen 60er-Jahre-Baus warten bereits 25 Personen. Eine Nonne löst sich aus der Menge und rät mir, mich in einer Liste einzutragen. Dafür erhalte ich von ihr mündlich die Nummer 26, eine Art Vornummer, die vielleicht später zu einem dieser rosa Zettelchen führt.

Pünktlich um 7.15 Uhr öffnet die Blutabnahmestelle. Die Menschenmenge, inzwischen um das Dreifache angeschwollen, schiebt sich in die kahlen Räume und versammelt sich komplett in einer Ecke des Wartesaals. Ich frage, wo es die Nummern gibt. Ein Herr zeigt auf die überfüllte Ecke. Über fünfzig Menschen aller Altersgruppen drängeln sich dort. Aber Nummern scheint es nicht zu geben. Die treffen erst eine Viertelstunde später ein, und zwar in Form einer Papierrolle in der Hand einer Krankenschwester. Die Nonne schnappt sich resolut die Rolle, ruft zwei Männer herbei, und zu dritt vergeben sie die Zahlen in der Reihenfolge ihrer Liste. Ohne Ellenbogenkampf erhalte ich meine rosa 26.

Zu einer professionellen Wartenden herangewachsen, nutze ich die Zeit für eine Meditation, setze mich im Schneidersitz auf den Fußboden und schließe die Augen. Als ich sie wieder öffne, habe ich bereits 15 Patienten hinter mich gebracht und fühle mich entspannter als vorher. Da flüstert mir ein älterer Herr zu: „*Brava,* das haben Sie gut gemacht. Ich bete auch jeden Tag. Meine Mutter hat mir das beigebracht. Nur die Demut macht uns glücklich."

Plötzlich eine laute Frauenstimme. „Wir haben einen Computerdefekt: Alle Nummern über 20 können nach Hause gehen!", ruft eine Krankenschwester in den Raum. „Und morgen braucht ihr auch nicht wiederzukommen, da streikt das Labor. Übermorgen wird's voll sein. Ich rate euch, kommt nächste Woche."

„Eine Katastrophe!“, schimpft Barbara, als ich nach der nächsten Qigongstunde von meiner Odyssee im Gesundheitsamt erzähle.

„Stellt euch vor“, fällt ihr Donatella ins Wort, während sie in ihre Jacke schlüpft, „ich musste vier Monate auf einen Ultraschall warten. Dann haben sie nur den Oberbauch untersucht. Auf einen Termin für den Unterbauch sollte ich noch mal drei Monate warten. Einer, der Krebs hat, ist in der Zwischenzeit vielleicht schon gestorben.“

„Eventuell kann ich was für dich tun“, mischt sich Giuliana ein, die schon im Türrahmen steht. „Ich bin Ärztin. Wenn du magst, untersuche ich dich.“

„Ja, aber – geht das denn?“

„Kein Problem, wenn du nach Feierabend ins Hospital kommst.“

Vorher hole ich die Werte meiner Blutuntersuchung ab, die ich mir drei Tage vorher hart erkämpft habe. Leider entpuppt sich der Großteil als wertlos, denn irgendein Arzt oder Helfer hat ein falsches Kreuz auf meine Überweisung gesetzt. Daraufhin wurde sonst was in meinem Blut gesucht und natürlich nicht gefunden. Die 170 Euro Untersuchungsgebühr muss ich trotzdem bezahlen. Ich könne ja Beschwerde einlegen, aber da käme meistens nichts bei raus, meint eine Helferin.

Giuliana führt mich durch die leeren Gänge der Privatklinik, in der sie einmal die Woche unentgeltlich assistiert. In einem altmodischen Behandlungszimmer fühlt sie meinen Puls, tastet meinen Bauch ab, macht einen Ultraschall und deutet den verwertbaren Teil meiner Blutuntersuchung. Sie schreibt mir ein Rezept aus, befindet, Akupunktur könne helfen, und setzt mir ein paar Nadeln.

„Was kostet das?“, frage ich, als ich mich wieder anziehe.

„*Dio mio*, um Gottes Willen. Du zahlst nichts“, sagt sie, als wolle ich sie beleidigen, „du bist doch meine Qigongmeisterin.“

„Das kann ich nicht annehmen!“ Aber Giuliana schlägt mir ein Tauschgeschäft vor: Akupunktur gegen Qigongstunden.

An dieser Art von Handel finde ich Gefallen: Jeder hilft jedem, gibt, was er hat, und meistens ohne Geld dafür zu verlangen, denn jeder weiß, dass der Tag kommen wird, an dem auch er Hilfe braucht. Vielleicht sollte auch ich diesen Handel kultivieren!

Im Bus schenkt mir eine ältere Dame ein Ticket, dafür höre ich mir im Gegenzug ihre Sorgen an und überlasse einem Schuljungen mit triefender Nase meine Packung Taschentücher. Für Giulios Schwester Anna repariere ich den Küchenabfluss, und sie entlohnt mich mit einem ausrangierten Wäscheständer. Selbst Katia aus dem Bioladen spanne ich in die Geschäfte ein: Unter ihren Kunden wirbt sie für meine Kurse, dafür lade ich sie zum nächsten Workshop ein. Vor allem hänge auch ich künftig meine ausrangierten Kleider frisch gewaschen und gebügelt an die *casonetti*, die Müllcontainer am Ende der Straße.

Mai

Die Kunst des „Arrangiarsi“

Der Wasserstrahl wird dünner und dünner, es kommen nur noch ein paar Tropfen aus dem Hahn, dann ein leeres Seufzen. Ich drehe weiter auf. Nichts. Frisch einshampooniert stehe ich da. Wie soll ich bloß die Seife von Haut und Haar kriegen? Was würde Giulio jetzt machen? Vielleicht eine Flasche Mineralwasser benutzen? Wo steckt die eigentlich? In der Küche, neben dem Bett oder unterm Schreibtisch? Schaumbedeckt platsche ich durch die Wohnung und hinterlasse eine weiße Spur wie eine Schnecke.

Der Sprudel bringt das Shampoo so richtig zum Schäumen und der eine Liter ist so schnell weg, als hätte ich in die Luft gespuckt. Kein Wunder, dass die Italiener die Weltmeister im Mineralwasserverbrauch sind. Wann wohl das Wasser wohl wieder aus der Leitung kommt? Erfahrungsgemäß lösen die Florentiner die wenigsten Probleme in ein paar Minuten; meist dauert es Tage, Wochen oder Monate. Aber könnte nicht zumindest mal ein Tag verstreichen, ohne dass irgendwas passiert?!

Klebrig schlüpfe ich in mein Kleid. Es klopft, und Giulio stößt verschwitzt die Wohnungstür auf. Er schmeißt seine dreckigen Gärtnerklamotten in die Ecke und läuft Richtung Dusche.

„*Purtroppo,* leider kommt kein Wasser mehr!“, rufe ich ihm zu. Er macht auf dem Absatz kehrt, schnappt sich ein Handtuch, sein Shampoo und stopft drei leere Plastikflaschen in den Rucksack.

„Dann geh’ ich eben runter zur *fontana.*“

„Zur *fontana*?"

„Ja, auf dem Platz gibt's einen öffentlichen Wasserhahn." Ich folge ihm auf die *Piazza Santissima Annunziata* zu einer schmiedeeisernen Säule. Giulio dreht am Eisenhebel, und tatsächlich plätschert Wasser in das kleine Becken. Er spült sich das Gesicht ab, zieht das T-Shirt aus und wäscht seinen Oberkörper, als sei er in einem öffentlichen Badehaus. Prima Idee, auch ich erlöse Haare und Haut von dem klebrigen Film des Shampoos.

Sollte sich mir in diesem Moment die wahre Bedeutung des *arrangiarsi* erschließen? Wenn ein Italiener sich arrangiert, nimmt er eben nicht nur eine Gegebenheit missmutig hin. Nein, er macht das Allerbeste aus der dümmsten Situation und lässt sich dabei nie die gute Laune verderben. Warum auch? Und warum sollte ich mich ärgern? Habe ich doch gerade ein Stück italienisches Lebensgefühl erhascht!

Bestens gelaunt füllen wir die drei leeren Flaschen mit Wasser zum Kochen für unsere *pasta* und tragen sie frisch gewaschen nach Hause. Zur Vorbeugung für ähnliche Notstände werde ich ab heute ein paar volle Wasserflaschen unter der Spüle lagern. Daneben lege ich Kerzen und ein Feuerzeug, denn es könnte ja ebenfalls die Stromversorgung zusammenbrechen, vermute ich. Giulio nickt, das käme bei den heftigen Sommergewittern schon mal vor.

Nachdem wir unsere *pasta* in *fontana*-Wasser gekocht und verspeist haben, läutet es an der Tür. Ich öffne. Dort steht ein Frau Mitte dreißig mit roten Locken, Flip-Flops und in abgeschnittener Jeans. Sie streckt mir ein Glas mit braunem Wasser entgegen.

„Sieht euer Leitungswasser auch so aus?", fragt sie mich. „Ach übrigens, *sono Antonia,* ich wohne gegenüber."

„Bei uns gibt's gar kein Wasser", erkläre ich.

„*Ora viene.* Jetzt kommt was", ruft Giulio aus der Küche, „schaut mal, das sieht aus wie aus dem Arno. Total braun."

Wir schenken unserer Nachbarin die übrigen Nudeln und die letzte Flasche Brunnenwasser. Sie meint, sie könne das nicht annehmen, ziert sich ungemein, aber am Ende nimmt sie es doch.

„Typisch Süditaliener, die machen immer einen riesigen Zirkus um Gefälligkeiten", sagt Giulio und grinst, als sie aus der Tür ist.

Tatsächlich kommt Antonia aus Apulien, erfahren wir eine halbe Stunde später. Er klopft noch mal, und sie lädt uns als Dankeschön zum *caffè* ein – hausgemacht aus Brunnenwasser. Kaum sitzen wir, sprudelt sie los wie die *fontana* auf der *piazza*: Seit neunzehn Jahren lebt sie in Florenz, exakt ihr halbes Leben. Seit neun Jahren ist sie endlich Anwältin, seit kurzem mit eigener Kanzlei.

„Schade, dass wir monatelang aneinander vorbeigewohnt haben", sage ich und schenke ihr ein Glas Chianti ein.

„Das wäre in *Puglia* auf dem Land nie passiert", erwidert Antonia, „solche Anonymität gibt's nur in der Stadt."

„Dabei kommt mir Florenz eher wie ein Dorf vor", meine ich.

„Ist es auch!", sagt Giulio, der alles stets mit Rom vergleicht.

Die halbe Nacht erzählt jeder von uns dreien aus seiner Heimat. Wir lachen, vergleichen und stellen fest, wie ähnlich wir doch ticken, trotz unterschiedlicher Mentalitäten, Familien und Ausbildungen. Alle drei haben wir einen ausgeprägten Sinn für Gerechtigkeit. Diese Feststellung nimmt Giulio zum Anlass und erzählt unserer Nachbarin von den Problemen mit der Telecom: „Stell dir vor, die berechnen uns für die zwei Monate ohne Telefon die vollständige Grundgebühr! Erstatten uns nichts! Mit welchem Recht?"

„Das müsst ihr nicht bezahlen", erwidert Antonia sachlich. Trotz Rotwein ist sofort die Juristin in ihr erwacht: „Das kläre ich gleich morgen früh für euch!"

Mein Netz an Helfern wächst stetig. Was brauche ich noch Versicherungen? Für Justizsachen habe ich Antonia, Giuliana als Ärztin, Katia für Ernährungsfragen und alles, was mit meinen Kursen zu tun hat. Barmann Riccardo vermittelt mir jede Art von Handwerker, ob Klempner oder Elektriker. Falls er keinen zur Hand hat, frage ich die drei Bibliothekarinnen von Fiesole um Rat. Sie helfen mir ohnehin oft bei der Recherche.

In der *bar*, in unserem Haus, im Studio, auf der Straße – überall stehen Menschen bereit, mir zu helfen. Ganz so, als wären die Bewohner dieser Stadt eine große Familie. Und ich frisch adoptiert. Auf der *piazza* treffe ich täglich bekannte Gesichter. Hier und da bleibe ich auf einen Plausch stehen, erfahre Neuigkeiten, bekomme Kinotipps oder ein neues Rezept. So selbstverständlich, als würde ich seit Urzeiten hier leben.

Plötzlich ziere ich mich nicht mal mehr, das unsäglich steife *‚pronto'* (als Begrüßung ins Telefon) zu rufen – anstatt ein freundlich-deutsches *‚hallo'*.

„Buongiorno Signora Andrea", meldet sich mein Vermieter mit ernster Stimme: „Ich habe gehört, Sie vermieten unter?"

„*Come*? Wie kommen Sie da drauf?" Eine absurde Idee, wo sollen wir in zwei halben Zimmern eine dritte Person unterbringen!

„Ihre Nachbarn haben einen chinesischen Namen an Ihrem Klingelschild gelesen."

„Da müssen Sie sich irren!"

„Nein, da steht *Qigong* oder so. Das ist doch chinesisch?"

„Ja, das ist chinesisch!" Aber wie soll ich Signor Rossi erklären, dass das eine Gymnastik ist, die ich ab und zu in seinem Wohnzimmer unterrichte und dafür die Hälfte seiner Möbel auseinandermontiert habe? Wobei es ohnehin illegal ist, in einer Privatwohnung ein Gewerbe zu führen. Sollte seine streng katholische Ehefrau von unseren Gesetzesübertritten erfahren, würde sie vermutlich in Ohnmacht fallen, und wir hätten morgen die Kündigung im Kasten. Hielten sie mich doch für eine korrekte Deutsche und wussten nichts von meiner fortschreitenden Italianisierung.

„Machen Sie sich keine Sorgen, Herr Rossi! Das ist nur der Name eines Vereins, den ich gegründet habe und für den ich ab und zu Post erwarte“, flunkere ich, „falls es Sie stören sollte, nehme ich das Schild natürlich wieder ab. Und grüßen Sie bitte Ihre Frau.“

Herr Rossi ist beruhigt, dass wir seine Wohnung keinem Chinesen überlassen haben, und ich weiß jetzt zumindest, dass wir einen Spitzel im Haus haben. *Non c'è problema,* bei der Hitze wollte ich meinen Unterricht ohnehin ins Freie verlegen. Nur wohin?!

Nach dem nächsten Training hole ich mir ein paar Tipps bei meinen Schülerinnen. Donatella rät mir, in den Norden zu fahren, zum siebenhundert Jahre alten Kloster auf den *Monte Senario,* dort könne man optimal meditieren. Giuliana, die Ärztin, empfiehlt mir den *Boschetto,* den Park der Adelsvilla Strozzi im Süden der Stadt. Und meine Freundin Barbara schickt mich auf den *Monte Ceceri,* den Berg, von dem *Leonardo da Vinci* seinen Assistenten mit seiner selbst gebauten Flugmaschine stürzte. Die Abflugstelle liegt inmitten eines Naturschutzgebietes mit uralten Steinbrüchen.

Um meine sommerlichen Qigonggefilde zu erkunden, steige ich auf mein *motorino.* Doch das stockt und stottert. Ich holpere direkt zu Luca, unserem Mechaniker unweit der *Piazza Tasso.* Wie immer empfängt er mich mit einem strammen „*Ciao*“, als würde er eine Truppe befehligen. Knapp zwei Meter groß, Glatze und Muskeln wie ein Leistungssportler, gleicht Luca eher einem russischen General als einem italienischen Mechaniker. Deshalb haben Giulio und ich ihn in *Ivan* umgetauft.

„Kannst du mal schauen, was mit meinem *motorino* los

ist? Den neuen TÜV gleich mitmachen? Und was kostet das alles?"

„Hhmm", brummt Ivan. Ich hätte ihm keine drei Fragen auf einmal stellen dürfen, das überfordert ihn womöglich.

„*La chiave*! Den Schlüssel!", befiehlt er und hält mir seine ausgestreckte Hand entgegen. Er startet den Motor, gibt Gas, bremst, blinkt, schaut, klopft überall gegen. Nicht etwa hart, wie man es von einem Ivan erwarten sollte, sondern zart wie ein Latin Lover. Seine Liebe gilt unübersehbar den Zweirädern. In seiner garagengroßen Werkstatt bastelt er zeitgleich an einer *Lambretta* aus den 50ern, einer *Vespa* aus den 70ern und zwei Handvoll Motorrädern. Überall liegen Schrauben, Schlüssel, Schweißgeräte auf dem Boden. Gebrauchte Teile zieren die Wände wie Kunstwerke.

„20 Euro!", sagt er.

„*Con la revisione inclusa?* Einschließlich TÜV?"

„*Lo vuoi truccare ancora?* Willst du's wieder frisiert haben?"

„Mein *motorino* ist frisiert?", frage ich erschrocken.

„*Sì!*" Ivans Blick ruht unbeeindruckt auf meinem Gefährt.

„Wie schnell fährt es denn unfrisiert?"

„40 km/h", sagt er und schaut mich das erste Mal an, „höchstens!"

„Aber so langsam fährt in Italien doch keine einzige 50er?"

Er schweigt. Und sagt dann: „40 Euro für alles, *va bene?*"

Für 40 Euro würde in Deutschland kein Mechaniker einen Roller auch nur anschauen. Ivan reinigt dafür den Luftfilter, stellt den Vergaser ein, erneuert die Bremsbeläge, drosselt den Motor, bringt das *motorino* zum TÜV und frisiert es hinterher wieder – alles innerhalb von 24 Stunden.

Meine knallrote *Beta Tempo* ist wie neu, lässt jedes Auto an der Ampel stehen und zischt mit 70 km/h die *viale* entlang. Bei diesem Wetter ein reines Vergnügen. Mein Kleid flattert in der Luft. Der Fahrtwind pustet mir über die Haut. Und da ist es wieder: das Gefühl von Fliegen und von Freiheit. Laut singend sause ich die Serpentinen entlang nach Fiesole, um Barbara in Riccardos *bar* zu treffen. Von dort will sie mich in einen Park bringen, den ich für meine Kurse begutachten soll.

Riccardo klebt gerade einen Schrieb von der Gesundheitsbehörde an seinen Tresen: Aus Hygienegründen darf ab heute kein loser Zucker mehr ausgegeben werden! Kleine Portionstüten sind jetzt Vorschrift. Die Strafe für Nichteinhaltung beträgt: 1000 Euro!

„Mir ist zwar Kunde kein bekannt, der sich je an Zucker mit irgendeiner Krankheit infiziert hat", meint Riccardo missgestimmt. „Aber was soll's. Gesetze gibt's eben viele schwachsinnige."

Nicht nur, dass die Tütchen ein Vermögen kosten und pure Verschwendung sind, das neue EU-Gesetz leitet auch das Aussterben eines italienischen Kulturguts ein: der *zuccheriera*, einer bildschönen Zucker-Guillotine, die bis heute jeden Tresen zierte. Mein erster Kontakt mit dieser Zuckerdose in Nierenform endete tragisch. Als ich den Chromdeckel öffnete, schnalzte mir der Löffel mit so einer Wucht entgegen, dass sich die klebrigen Kristalle über mich und die halbe Bar ergossen. Gelingt es mir heute, ohne Katastrophe bis an diesen Punkt vorzudringen, folgt Teil zwei der Geschicklichkeitsprüfung: Mit einem 25 cm langen Löffel muss ich den Zucker in die verschwindend kleine Espressotasse balancieren. Spätestens an dieser Stelle enttarnt sich jeder Tourist. Mit etwas Fingerspitzengefühl aber ist der Gebrauch der *zuccheriera* die stilvollste Art, den *caffè* zu versüßen.

Riccardo zuckt ratlos mit den Schultern: „Gesetz ist Gesetz."

Barbara tippt mir auf die Schulter, und mit einem Zwinkern ruft sie über den Tresen: „*Fatta la legge, trovato l'inganno*, kaum ist ein Gesetz raus, findet sich ein Weg, es zu umgehen. Wir sind doch Italiener und wissen, wie man legale Gesetzeslücken findet."

„Und es gibt ja auch noch den *condono*", sagt Riccardo lapidar.

„Was ist ein *condono?*", will ich wissen.

„Ganz einfach", erklärt Barbara mit sarkastischem Ton, „wenn du's machst wie gewisse Politiker und lässt dich beim Steuernhinterziehen erwischen, dann blüht dir ein Prozess von zehn bis zwölf Jahren. Der Staat hat Angst, dass er am Ende gar kein Geld sieht, und bietet dir ein Geschäft an: Du zahlst ein erschwingliches Sümmchen und dir ist alles verziehen. Das ist der *condono fiscale*."

„Nach diesem Prinzip werden auch Bausünden nachträglich legalisiert", wirft Riccardo ein, „jeder, der illegal Veränderungen an einem Gebäude vornimmt, kann sich später mit einer lächerlichen Zahlung von seinem Gesetzesbruch freikaufen."

„Und meinst du, mit dieser Strafe musst du das illegal Erbaute abreißen oder der Norm anpassen?", fragt Barbara trocken. „Nein! Mit dem *condono edilizio* wird alles legal, egal wie illegal es ist. *Addio,* liebe Gesetze!"

Jetzt wird mir klar, wie unser streng katholischer Vermieter einen Zwischenboden einziehen konnte, der die Raumhöhe auf ein unmenschliches Maß von 1,80 Meter reduziert. Mit der nachträglichen Legalisierung verschwanden offensichtlich auch seine moralischen Bedenken, so ein Loch zu vermieten. Sicher werden auch die Barbesitzer einen Weg zur Rettung der Zucker-Guillotine finden. „Es wird sich einspielen", meint Riccardo, in Italien fehle es an Beamten, die die Einhaltung von Vorschriften überprüfen. Kaum sei ein Gesetz raus, seien alle panisch und die Kontrollen enorm. Nach ein paar Monaten beschäftigten sich die Behörden bereits mit einem neuen Erlass und alles kehre zur Normalität zurück.

Jetzt ist mir klar, warum mein Steuerproblem in italienischen Augen keines war, sondern nur ein deutsches Gemüt erregen konnte. Zumindest brauche ich mir über die Legalität meiner Qigongkurse wohl keine Sorgen mehr zu machen. Und Barbara zeigt mir sogar einen passenden Park dafür: den Klostergarten von San Francesco, ein paar steile Stufen oberhalb der *piazza Mino*.

Am Abend sagt Giulio, dass auch er einen schönen *parco* kenne: in Settignano, auf dem Hügel im Nordosten der Stadt. Der Himmel färbt sich bereits rosa, als wir unsere Helme am *motorino* festschließen. Giulio schnappt sich meine Hand und zieht mich eine Straße hinauf in einen Olivenhain hinein. Unter den knorrigen Bäumen tanzen Lilien im Gras. Nachtigallen stimmen in das Konzert der Grillen ein. Und der süßliche Duft von Jasmin erfüllt die Luft. Wie ich diese wilde Schönheit liebe! Aber wo soll hier ein Park liegen? Führt der Weg nicht – zu dem Ort, an dem wir uns das erste Mal geküsst haben? War das nicht in genau so einer lauen Mainacht? Giulio grinst, als hätte er meine Gedanken gelesen.

„*Wir Italiener* wissen eben, wie man verführt", meint Giulio. Er liebt die kleinen Seitenhiebe auf den deutschen Mann. Seiner Ansicht nach kleidet er sich stillos, ist stocksteif, emotionslos und lebt seinen Eros nicht aus. „Warum senden eure Männer keine Reize aus? Tragen euch nicht auf Händen? Sind Frauen nicht das Mysteriöseste und Schönste, was es auf der Welt gibt?", fügt er an und nimmt mich in den Arm.

In meiner voritalienischen Zeit hätte ich laut protestiert, umgehend an die Emanzipation erinnert und auf ein modernes Frauenbild gepocht. Heute schmunzle ich und genieße es, wenn Giulio meine Einkäufe trägt, mich vom Bahnhof abholt, mein Fahrrad schiebt oder nicht zulässt, dass ich das Klo repariere, weil *la donna* sich nicht die Finger dreckig macht. Kein Problem! So schlecht lebt es sich als Frau ja gar nicht. Ich drücke meinen Liebsten, und wir spazieren tiefer in den Hain hinein, zu unserem Plätzchen.

„*Fermati!* Halt“, rufe ich aufgeregt, „tritt da nicht drauf!“

Vor Giulios Fuß liegt ein zierliches rostbraunes Wesen. Ein kleines Eichhörnchen. Es schleppt sich ein paar Schritte und legt sich wieder im Gras nieder. Zum Weiterlaufen ist es zu schwach.

„*Che cosa facciamo?* Was machen wir?“, frage ich betroffen.

„*Niente.* Nichts, was sollen wir schon tun? Das ist die Natur.“

„Wir können es doch nicht liegen lassen!“ An meinem Tonfall erkennt er, dass ich nicht gehe, bevor das Tier versorgt ist.

Tags drauf stehen wir um Punkt 9.30 Uhr mit dem kranken *scoiattolo* vor dem *Centro di Scienze Naturali* in Prato, 25 Kilometer von Florenz entfernt. Eine Dame mit strengem weißen Dutt öffnet das Tor, stellt sich als *dottoressa* und Direktorin vor. Sie nimmt das Tier in Empfang, ruft einen Assistenten, der es zur Untersuchung trägt, und lädt uns ein, ihr Zentrum zu besichtigen.

Die Behandlungsräume, die Verwaltung und das Museum liegen in einem uralten Kloster. Ausgestopfte Tiere zieren altertümliche Vitrinen. Vergilbte Schilder geben Erklärungen zu jeder Spezies. In den Gängen blättert der Putz von den romanischen Gewölben. An jeder Ecke scheint es an Geld zu fehlen. Eine Atmosphäre zwischen schön und schauerlich, wie sie in Italien häufig ist.

„Ringsrum besitzen wir 16 Hektar Wald, um die Tiere nach ihrer Genesung auszuwildern“, erklärt die *dottoressa.*

„Welche Tierarten haben Sie hier?“, frage ich.

„*Quasi tutti.* Fast alle. Fledermäuse, Geparden ...“

„Einen Geparden?“

„Ja, wir sind auf exotische Tiere spezialisiert“, sagte die Tierärztin. „Seit Jahren gibt es in Italien den grausamen Trend, sich Exoten zu halten, und wer sie wieder loswerden will, setzt sie im Wald aus. Wir haben bereits einen Emu von der Autobahn eingesammelt, eine Boa in einem Haus gefangen und seht euch die vielen Chamäleons, die Warane und Kaimane an." Sie zeigt auf eine Reihe von Käfigen voller Echsen. In den Volieren daneben sitzen ein Pirol, zwei Falken und eine Eule auf der Stange. Unweit von ihnen plantschen Enten, Gänse und ein Pelikan in einem Teich. Auf einer Wiese grasen eine Handvoll Rehe und ein Mufflon. In einem eingezäunten Waldstück tummeln sich drei gestreifte Wildschweinfrischlinge.

„Jährlich werden circa 2600 Tiere abgegeben. Viele verletzt."

„Von Menschen?"

„Ja, auf der Straße angefahren, von Jägern oder Wilderern angeschossen. Spaziergänger finden sie und liefern sie hier ab. Einmal brachte jemand sogar einen seltenen Kranich, der vor fünfhundert Jahren in der Toskana lebte und längst als ausgestorben galt. Ein anderes Mal war es ein toter Adler. Den haben wir an die Tierpathologie an die Uni in Pisa weitergegeben. Dort stellen sie für die Tätersuche das Projektil fest." So passioniert wie die *dotoressa* sich um die Tiere und ihre Rechte kümmert, wähnen wir unser Eichhörnchen in den besten Händen und treten die Heimfahrt an.

In Florenz erwartet uns ein weiteres tierisches Ereignis: *la Festa del Grillo,* das Fest der Heuschrecken. Im Mittelalter begannen die Bauern die Insekten zu fangen, um ihre Obst- und Gemüseernte zu schützen. Diese Jagd wandelte sich im 19. Jahrhundert zu einem gesellschaftlichen Event: Während die Männer im Dickicht des *Cascine*-Parks den Grillen nachstellten, picknickten die Frauen in schicken Kleidern auf der Wiese. Die Heuschrecken landeten am Ende in Käfigen und wurden abends aus den Fenstern der Häuser gehängt, damit ihr Gesang für einige Nächte die Stadt erfüllte.

Heute ist das Grillenfest zu einem Bummel entlang einer Fressmeile verkommen. Die kleinen, grünen Hüpfer werden nicht mehr selbst gefangen, sondern in Volieren gekauft. Gegen die Freiheitsberaubung der Insekten demonstriert eine Handvoll Tierschützer am Eingang des *parco delle cascine*. Dem Festbesucher ist das ziemlich egal, er will seine Grille zum Grillenfest. Ohnehin beschränkt so manch ein Italiener sein Verhältnis zur Natur auf die Nutznießerrolle. Das Land dient ihm zum Anbau von Grundnahrungsmitteln wie Wein, Weizen und Oliven, zum Sonnenbaden und auch, um mal frische Luft zu schnappen. Aber bitteschön ohne längere Fußmärsche. Er bevorzugt das Picknick auf dem Parkplatz am Straßenrand. Dort entledigt er sich auch seines Mülls und entsorgt ohne Gewissensbisse weiteren Unrat, ob nun sein altes Auto oder den defekten Kühlschrank. Das ruft die *ambientalisti* auf den Plan. Die Umweltschützer protestieren, klären auf und kämpfen gegen die Ignoranz der Masse. Seit der Wellnessbewegung haben sie die Unterstützung von Körper- und Geistbewussten, denn auch diese suchen ein unverschmutztes Naturerlebnis. Gemeinsam versuchen sie, dem sinnentleerten Grillenfest einen neuen Inhalt zu geben: Auf dem Rasen üben sie Taiji, tanzen zu Trommelmusik im Afrostil und biegen sich in Yogapositionen in der Sonne.

Eine Sonne, die seit Tagen das Quecksilber höhertreibt und proportional dazu die gute Laune, denn jeder weiß: Jetzt hat sich das Azorenhoch etabliert! Das bedeutet: täglich blauer Himmel und Temperaturen, bei denen selbst auf dem Motorrad keine Jacke mehr nötig ist. Ab jetzt leben die Italiener draußen: Alte Frauen rücken Stühle auf den Gehweg, Studenten musizieren in den Parks und Anzugträger nehmen ihr Mittagessen auf der *piazza* ein.

Unter weißen Partyzelten liegen sechs Futons auf der Wiese des Cascine-Parks, darüber knien Männer und Frauen in weißen Kitteln und kneten einige Freiwillige. Die Shiatsu-Schulen Ki und Do präsentiert sich anlässlich des Grillenfestes dem Publikum. Drum herum flitzt hektisch ein hagerer Typ von der Grünen Partei Italiens, *I Verdi*, die auf der Wellnesswelle mitschwimmt.

„Das Shiatsu-Diplom muss endlich staatlich anerkannt werden!“, ruft er kämpferisch und hält mir eine Petition unter die Nase.

Giulio zieht mich beiseite. „Die italienischen Grünen sind nicht wie die deutschen. Sie produzieren nur heiße Luft. Schau dir Florenz an, da sind sie im Parlament, aber gibt es deswegen Fahrradwege, Ökobusse oder sonst einen Umweltschutz?!“

„Was meinst du?!“

„Politik hat in Italien nichts mit Idealismus, Ehrlichkeit und Anstand zu tun. Es ist reines Geschäft.“

Ich gönne mir trotzdem die kostenlose Massage unter freiem Himmel. Weiß ja keiner, dass ich in Deutschland wähle.

Das Grillenfest ist nicht das einzige Vergnügen im Mai, denn er ist der Monat der Feste. Das älteste Musikfestival Europas, der *Maggio Musicale*, füllt wochenlang Theater und Kirchen mit klassischen Klängen. Antik-, Floh- und Biomärkte besiedeln die Plätze. Und es beginnt die Zeit der *Sagra*, der Erntedankfeste.

Ich frage mich nur, was bereits im Mai, zu Beginn der Feldsaison, geerntet wird. Nicht wenig, wie ich bald sehe: Der seltene *Prugnolo*, der Pflaumenpilz, wird in Florenz gefeiert und auf der *piazza* in allen denkbaren Varianten, ob als Omelette, Polenta- oder Pastasauce, serviert. In *San Giuliano Terme* veranstalten die Einwohner ein Fest rund um *la fragola*, die Erdbeere, und verspeisen sie, begleitet von Musik und Tanz, auf einer langen Tafel unter freiem Himmel. Das Dörfchen *Celle sul Riga* ehrt mit der *Sagra dei Pici* eine bleistiftdicke, typisch toskanische Nudel. *Saturnia* dankt mit einer Feier seinen Schäfern für den *pecorino*, den örtlichen Schafskäse.

Bei so vielen Festen weiß ich nicht mehr, wohin ich zuerst gehen soll. Eine Presseeinladung nimmt mir die Entscheidung ab: Die Adelsfamilie Corsini lädt mich in ihren barocken Palastgarten – zur Kunsthandwerksmesse *Artigianato e Palazzo.*

In Sommerkleidern mit extravaganten Hüten stöckeln Frauen vorbei an korrekt beschnittenen Hecken, Zitronenbäumen und meterhohen Skulpturen. Trotz der absatzfressenden Kieswege versuchen sie, ihr Lächeln zu bewahren. Die Männer erkunden derweil durch dunkle Sonnenbrillen ihre Jagdgefilde. An schicken Stehtischen treffen sich die Adligen, Reichen und die, die es gern wären, und nippen am Champagner. In den Pferdeställen und der Orangerie arbeiten derweil über hundert Kunsthandwerker: Sie töpfern, blasen Gläser, binden Bücher, malen Ikonen, setzen Intarsien …

Täglich spüre ich die Kreativität der Stadt, wenn ich durch die Gassen gehe, durch die schon die größten Kunstgenies der Geschichte liefen: Leonardo da Vinci, Michelangelo, Botticelli, Raffael, Masaccio, Vasari, Cellini. Ich höre Konzerte in den Kirchen, die sie ausmalten, studiere in Bibliotheken, die sie erbauten, treibe Sport in Palästen, in denen sie ein und aus gingen. Langsam wächst auch in mir ein Verlangen, meine Kreativität freizusetzen. Und da meine Qigongschüler lieber die Sommersonne genießen als regelmäßig meine Kurse zu besuchen, habe ich endlich Zeit, einen Aquarellmalkurs zu belegen.

Treffpunkt: der Irisgarten unterhalb der *Piazzale Michelangelo.* Über 20 000 Lilien bedecken den Hügel, 2500 verschiedene Züchtungen schimmern in allen erdenklichen Farben. An Nuancen reicher als jeder Tuschkasten, allerdings nur für drei Wochen im Jahr, dann ist die Blüte vorbei und der Garten schließt bis nächsten Mai. Eine Schande, denn es gibt kaum einen schöneren Ausblick auf Florenz als von hier oben.

Schon William Turner hielt ihn in seinen Gemälden fest, Jon Singer Sargent in Aquarellen, Poeten in ihren Gedichten. Rainer Maria Rilke, Charles Dickens, Hermann Hesse, Goethe und viele andere reisten nach Florenz, in die „Perle der Toskana", um sich dem Rausch der Kunst hinzugeben. Den Schriftsteller Stendhal erregte die Schönheit der Stadt so sehr, dass er ein körperliches Schwächegefühl empfand. Bis heute ereilt dieser Nervenzusammenbruch durch Kunstübersättigung über hundert sensible Seelen pro Jahr, dokumentierte die Ärztin Graziella Magherini, die das so genannte Stendhal-Syndrom über Jahre erforschte. Ob bei mir, wie bei den Florentinern, schon eine Immunität eingesetzt hat?

Mit zarter Stimme ruft uns die Aquarelllehrerin Sabrina unter einem Olivenbaum zusammen. Mitte vierzig, klein, schüchtern und introvertiert ist sie das Gegenteil vom dem, was ich mir unter einer Künstlerin vorgestellt hatte. Auch die Gruppe hatte ich mir anders ausgemalt, einen Haufen florentinischer Hausfrauen erwartet. Stattdessen treffe ich im Schatten des Baumes vier junge Frauen zwischen 25 und 40, aus Mexiko, Argentinien, Japan und den USA, und nur eine einzige pensionierte Florentinerin.

Sabrina erklärt uns in ein paar Sätzen, dass weiche Pinsel die Farben am besten aufnehmen, sich die Töne leichter mischen lassen, wenn wir das Papier vorher anfeuchten, und dass zu Beginn eine Vorzeichnung vonnöten ist. Damit verkündet sie die erste Aufgabe: Kopiert eine Blume eurer Wahl mit dem Bleistift.

Alle schwärmen aus und suchen sich eine Blüte. Meine Iris zappelt wie verrückt im Wind. Außerdem scheint es ihr an einer malbaren Form zu fehlen. Die Blütenblätter sind ausgefranst. Drei von ihnen streben gen Himmel, eines streckt sich mir wie eine Zunge entgegen und zwei klappen zur Seite auf. Wie soll ich diese drei Dimensionen, diese Tiefe, bloß auf das platte Papier bringen? Da hilft auch die Florentiner Inspiration nur wenig. Ohne jahrelanges Üben und Studieren gelingt mir nicht viel mehr als eine Art Scherenschnitt, ähnlich der Lilie im Stadtwappen.

Stellen sich die anderen geschickter an? Die Mexikanerin und die Argentinierin schwatzen entspannt auf Spanisch und lassen beiläufig den Graphit übers Papier tanzen. Die grauhaarige Florentinerin zeichnet schwungvoll eine Riesenblume. Die Amerikanerin fabriziert ein kindlich ungelenkes Blümlein. Die Japanerin klebt mit der Nase auf dem Block und kopiert die Blüte lupenhaft genau. Glücklicherweise eilt mir Sabrina zu Hilfe. Mit einer lockeren Handbewegung fegt sie über meine Zeichnung, korrigiert ein paar Striche und belebt meine Iris. „Na bitte, gar nicht so übel“, motiviert sie mich. „Jetzt mal’ die Blume mit Farbe aus.“

Im Deckel meiner Mineralwasserflasche mische ich Blau, Rot und Beige zusammen, bis ich das exakte Altrosa der Natur getroffen habe, und fülle damit die Freiräume wie bei Malen mit Zahlen. Das Ergebnis bleibt ein Scherenschnitt, nur eben bunt.

Zurück unterm Olivenbaum staunen wir, was die anderen vollbracht haben: Die Mexikanerin präsentiert eine lustige Blüte in Bonbonfarben, die jeder Natürlichkeit entbehrt. Die pensionierte Italienerin hat zwar das Kolorit getroffen, aber der Pinsel ist mit ihr durchgegangen, und sie hat eine expressive Giganteniris geschaffen. Die Japanerin ist gerade mit einem Blütenblatt fertig und das ist die exakte Kopie der Wirklichkeit. Wir vergleichen, lachen, probieren neu und fragen uns, ob die Bilder wohl ein Abbild unserer Mentalitäten sind? Akurrat, lebensfroh, exzentrisch ... Am Ende der ersten Stunde sind wir uns auf jeden Fall einig: Es könnte nichts Anregenderes geben als unseren Malkurs.

Juni

Die Italienerin in mir

„Bitte räumen Sie diesen Teil des Zuges! Gehen Sie nach hinten durch!“, tönt ein Schaffner in blauer Uniform durchs Abteil. Dabei hatten wir absichtlich den ersten Wagon bestiegen. Nur hier gibt's in den Sommermonaten eine kleine Chance auf einen Sitzplatz, denn die Züge Richtung Westen sind bis unters Hutfach vollgestopft. Alle treibt es ans Meer zum Sonnenbaden. Den Transport übernimmt das Volksverkehrsmittel *Trenitalia*. Gerade mal fünf Euro kosten die hundert Kilometer nach Pisa, Livorno oder Viareggio.

Die Tickets sind überall zu haben: nicht nur an den Fahrkartenschaltern mit ihren Endlosschlangen, sondern auch an den Maschinen, die im Bahnhof verteilt stehen, und dort, wo wir (aber nicht die Touristen) sie kaufen: am Zeitungskiosk.

Ohne Schlange zu stehen, rufen wir unser Fahrziel über den Tresen. Fix wie ein Computer kalkuliert der Zeitungsmann die Kilometer, die wir fahren wollen, und reicht uns den dafür passenden Fahrschein. Das erstandene *biglietto* ist jederzeit nutzbar, muss aber vor der Reise in einem der apfelsinenfarbenen Automaten am Bahnsteigende (falls sie funktionieren) abgestempelt werden. Sonst ist er wertlos und der *controllore* kassiert die Strafe fürs Schwarzfahren – mit Vorliebe von unwissenden Touristen.

Ansonsten ist das Bahnfahren in Italien eine unterhaltsame Angelegenheit. Jeder zweite Mitreisende hängt am Handy, das der Italiener liebevoll *telefonino*, Telefönchen, nennt. Lauthals und freizügig, als säße er im eigenen Wohnzimmer, bespricht er (meistens jedoch: *sie*) Beziehungsprobleme, den

Speiseplan für den Abend oder regelt Geschäfte. Bei so viel kostenloser Unterhaltung sehe ich darüber hinweg, dass mehr als die Hälfte der Wagons über zwanzig Jahre alt sind, die Klimaanlagen und Heizungen nur im Glücksfall funktionieren, die Sitze bemalt sind wie die der New Yorker U-Bahn, und ich nur mit Atemschutzgerät die Toilette betreten kann.

„Wieso müssen wir das Abteil räumen?", frage ich den Schaffner auf dem Rückweg.

„Wir erwarten sechshundert *tifosi* an der nächsten Station!"

Die ältere Dame neben uns rafft ihr Hab und Gut zusammen und folgt den anderen Passagieren in den hinteren Teil des Zuges. Vorsichtshalber schließen wir uns der Wanderung an und enden eingequetscht auf einem halben Quadratmeter vor einer Abteiltür. Durchs Fenster beobachten wir, was da wohl kommen mag.

Auf dem Bahnsteig von Pistoia stehen eng an eng die Fußballfans – ein violetter Pulk. Voller Stolz tragen sie lila T-Shirts, Kappen, Halstücher und Fahnen. Der veilchenfarbene Haufen scheint nahe der Explosion, pfeift, grölt, jubelt. Aber die vier Polizisten lassen sich nicht aus der Reserve locken. Ihre Schlagstöcke baumeln ruhig in den Halftern. Gelassen halten sie das rot-weiße Absperrband fest, das alle *tifosi* umschließt und sie einzäunt wie eine Herde Vieh. Nur dass die Fußballfans sich lang nicht so zahm gebärden. Sie reichen Bierflaschen weiter, singen und schwingen Fahnen, als ständen sie bereits im Stadion der *Viola,* der Violetten, dem Florentiner Team.

Ihre Heimspiele sind stets restlos ausverkauft, bis auf den letzten der 47 500 Plätze. Das war nicht immer so. 2001 ging der *AC Fiorentina* pleite. Das brach den *tifosi* das Herz. Doch der reiche Industrielle Diego Della Valle wusste Abhilfe: Er kaufte den Club. Bis genug Geld da war, um auch den Namen *AC Fiorentina* zurückzuerstehen, mussten sich die Profis allerdings für ein paar Spielzeiten durch die Regionalligen bolzen. Heute sind die *Violetten* zur Freude ihrer Fans zurück in der *Serie A*, der ersten Liga.

Obwohl der lila Pulk auf dem Bahnhof mit sechshundert Mann eindeutig in der Überzahl ist, warten alle brav an der Absperrung, die ihnen die vier *poliziotti* zugewiesen haben. Kaum sind die Fahrgäste in unsere bereits berstenden Wagons verfrachtet, darf die violette Horde in die geleerten Wagen. Den Durchgang zu unseren Abteilen sperren zwei der Polizisten zu, die anderen beiden schirmen den Zugführer ab. Drinnen herrscht eine Stimmung wie auf dem Jahrmarkt, aber die vier Ordnungshüter bleiben entspannt. Noch nie habe ich Polizisten so effizient und gut gelaunt ihre Arbeit machen sehen. Vielleicht tragen sie ja in ihrer Freizeit auch ein veilchenfarbenes T-Shirt.

Immerhin ist das Fußballspiel, *il calcio,* in Florenz ein altes Kulturgut: Im Jahr 1491 ist das erste Spiel dokumentiert, 1530 wohl das berühmteste: Es fand trotz Beschuss der Truppen des deutschen Kaisers Karl V. statt, der Florenz belagerte. Beim historischen *calcio* wurde der Ball nicht gekickt, sondern wie beim Rugby mit der Hand gefangen. Zum Vergnügen aller war jede Form von Provokation gestattet, vom Grimassenschneiden bis zum Beleidigen. Nur verletzten durfte man den Gegner nicht. Die *partiti*, Spiele, waren wahre Highlights, denn sie wurden nur bei Besuchen von Staatsgästen oder Hochzeiten der herrschenden Fürsten veranstaltet. Im Jahr 1930 ließen die Florentiner das historische Spiel wieder neu aufleben und seither veranstalten sie jeden Sommer ihr *„calcio storico“*. Für einen Fußballmuffel wie mich das einzige Match, zu dem ich mich breitschlagen lasse.

Für 30 Euro hat Giulio zwei Karten in der *curva* besorgt. Den ganzen Nachmittag läuft bereits die pompöse Zeremonie, in der sich die vier Stadtteile, die gegeneinander antreten, vorstellen. In mittelalterlichen Rüstungen traben sie zu Pferde auf den Platz. Den Reitern folgen antik kostümierte Trompeter und Fahnenschwinger, die die Wappen der *quartiere* präsentieren, bis endlich die Spieler in historischen Trachten auf dem Platz einlaufen. Giulios Favoriten sind die *verdi*, die Grünen, die in grünbraunen Pluderhosen für unseren Viertel San Giovanni kämpfen. Heute werden sie gegen die *bianchi* von Santa Croce antreten.

Durch die Menge schieben wir uns auf unseren Tribünenplatz und schauen von oben über die *Piazza Santa Croce*, die für die Tage des Matches mit Sand bedeckt wurde. Hinter dem Fußballplatz ragt die Marmorfassade der siebenhundert Jahre alten Kirche empor. Davor das Denkmal von Dante Alighieri: Steinern und überlebensgroß ruht der Dichter in seinem langen Umhang auf dem Sockel.

„Ein wenig Dante wäre jetzt eine Alternative", sinniere ich, nicht ganz sicher, ob ich bei der Hitze wirklich Lust habe, einem Haufen schwitzender Männer zuzuschauen, die einem Ball nachlaufen. „Liest dieser verrückte *professore* eigentlich auch im Sommer Dante vor? Du weißt schon, dieser Typ, der jeden Abend in Santa Croce aus der Göttlichen Komödie rezitiert."

„Vittorio Sermonti?! Ich glaube, der liest jeden Tag im Jahr!"

„Ist jetzt bestimmt angenehm kühl in der Kirche. Allein der Marmorboden!" Besonders faszinieren mich die prächtigen Gräber. Fast alle Florentiner Persönlichkeiten sind in Santa Croce bestattet: der Politiker und Stratege Niccolo Machiavelli, der Erfinder und Forscher Galileo Galilei, der Amerika-Entdecker Amerigo Vespucci, der Humanist Leonardo Bruni, der Dichter Ugo Foscolo, der Künstler Lorenzo Ghiberti. Den Leichnam Michelangelos mussten die Florentiner sogar aus dem Vatikan stehlen, um ihn in *Santa Croce* beizusetzen. Der Papst dachte nicht im Traum daran, den letzten Wunsch Michelangelos zu erfüllen und ihn in seiner Heimat Florenz zu begraben. Der Pontifex plante, ihm ein prächtiges Grab im Petersdom zu errichten, damit der Ruhm des Genies der Stadt Rom zugute käme.

Ein Pfiff, ein rot-weißer Ball fliegt in die Höhe, und auf dem Platz vor uns wälzen zwei Mal 27 muskelstrotzende Körper aufeinander los. Im Nu sind die alten Kostüme verschmutzt und verrutscht. Die Kraftprotze stellen einander das Bein, raufen und attackieren sich wie beim Catchen. Mit nur einem Ziel: den anderen das Leder abzuknöpfen. Kaum sind die Jungs in den braun-grün gestreiften Pumphosen am Ball, springt Giulio auf und jubelt ihnen zu.

„Haben die denn kein Tor?“, frage ich überrascht, aber Giulio hört mir nicht mehr zu. Ich stoße ihn mit dem Ellenbogen an.

„*Ma certo,* aber sicher. Die ganze Endlinie ist das Tor, die müssen den Ball unter der 80-Zentimeter-Marke abgelegen. Geht der Ball drüber, wird ein halber Punkt abgezogen“, erklärt er hektisch.

„Und keiner bewacht das Tor?“

„Doch! Da sind vier *portieri,* Torhüter! Siehst du die nicht?! *Ma guarda!* Schau dir das an. *Che stronzi!*“ Er pfeift los.

Kurz vor der Endlinie hat sich ein Hügel aus Körpern aufgebaut. Mindestens zwanzig Spieler turnen übereinander. Irgendwo unter ihnen muss der Ball sein. Angefeuert vom Gebrüll auf den Tribünen legen sie sich ins Zeug. So geht es fünfzig Minuten, dann ist die Rauferei entschieden: Unsere Grünen sind im Finale!

„Kann es sein, dass das *Calcio Storico* nur dazu da ist, dass ein Haufen Machos ihre Männlichkeit unter Beweis stellen können?“, analysiere ich das Match auf dem Heimweg.

„Warum nicht?! Das ist doch ein Riesenspaß“, sagt Giulio. Er grinst. Diese Spielchen für Männer seien in der Toskana gang und gäbe, jede Stadt habe ihre eigenen. In Siena messen sie sich beim Galopprennen auf dem *campo*. In der Altstadt von *Arezzo* und *Pistoia* schleudern sie hoch zu Pferde eine lange Lanze auf eine Scheibe. In *Livorno* und *Monte Argentario* findet die Kraftprobe seit vierhundert Jahren im Ruderboot auf offener See statt, in *Sansepolcro* beim Armbrustschießen. Und in *Pienza* treten die Männer im Käse-Weitrollen gegeneinander an, was Giulios Meinung nach jeglicher Sportlichkeit entbehrt.

Meine Freundin Susi interessiert das männliche Muskelmessen nur wenig. Sie ist aus Hamburg angereist, um nach einer Operation wieder Lebenslust zu tanken. Für ein paar Tage will sie mit mir *la dolce vita* genießen. In bunten Sommerkleidern schlendern wir über den *Mercato di San Lorenzo*. Susi ist begeistert von den Marktständen voller Blusen, Hüte, Schals und Gürtel. An jedem zweiten *banco* probiert sie etwas an, einen Leinenrock, einen Strohhut oder ein paar römische Sandalen.

Damit sie nicht die Touristenpreise zahlen muss, weise ich sie in die Technik des *contrattare*, des Verhandelns, ein, das besonders in Florenz vonnöten ist, da den Florentinern der Geiz im Blut liegt. Schon im Mittelalter, erzählt der Volksmund, sollen sie selbst ihre Freunde hintergangen haben, nur um einen *fiorino* mehr zu machen. An jedem Stand handelt Susi erfolgreich ein paar Euro runter. Sie versucht es mit dem Feilschen sogar in den Boutiquen, Kaufhäusern und Eisdielen, muss aber feststellen, dass es auch feste Preise gibt. Trotzdem gelingt es ihr, sich vom Eismann die Sahnehaube schenken zu lassen. Dem Charme meiner blonden Freundin kann kein Italiener widerstehen.

Unter den Arkaden der *Via Sant'Antonino* findet sie Taschen, Jacken, Mäntel, Hosen, Hemden, allesamt aus *pelle*, aus Leder. Früher gerbten die Ledermacher direkt am Arno und ließen sich mit ihren Werkstätten im flussnahen Viertel

Santa Croce nieder. Noch heute ist das Franziskanerkloster von *Santa Croce* auf die Herstellungen kostbarer Lederwaren spezialisiert. Die Mönche prägen Blumenmotive auf die Tierhäute, bemalen sie mit Gold und fertigen Buchdeckel, Bilderrahmen oder Schlüsselanhänger aus dem Material. Nur Schuhe gibt es im Klosterladen nicht. Zu Susis Bedauern, denn sie ist eine ausgemachte Schuhfetischistin. Also bugsiere ich sie ins einzige Schuhmuseum der Stadt. „Schau dir mal den Plateauschuh aus Samt an", ruft Susi entzückt, „unglaublich, der ist von 1938! Siebzig Jahre alt – und topmodern. Den würd' ich glatt kaufen, und den anderen da auch." Sie zeigt auf eine schwarze Sandalette mit einem zwölf Zentimeter hohen Absatz, silber-gold gestreift. Daneben eine aus buntem Hanf geflochtene Sandale und ein Pumps mit einer goldenen Pyramide als Hacke: das ägyptische Modell von 1930. Alle entworfen von Schuhmacher *Salvatore Ferragamo*. Hollywoodstars wie Audrey Hepburn, Sofia Loren, Rita Hayworth und andere Diven reisten bei ihm persönlich an. Von jedem Fuß nahm er akkurat einen Abdruck, fertigte daraus ein Holzmodell und kreierte darauf die extravagantesten Schuhkleider. In seinen Werkstätten setzten bis zu 700 Schuster seine Entwürfe in die Tat um. Täglich schufen sie mehr als 350 handgemachte Paare.

„Hier könnte ein Museumsmuffel wie ich zum Museumsfan werden!", ruft Susi begeistert, „Hast du noch so was auf Lager?"

„Klar doch", erwidere ich und schiebe sie über die *Ponte Vecchio* zum *Palazzo Pitti* mit seiner berühmten *„Galleria Palatina"*. Wohl wissend, dass diese Gemäldesammlung nichts für meine Freundin ist, führe ich sie ins angegliederte *„Museo del Costume"*. In einem Tempo, in dem sie sonst nur ihre *fashion*-Zeitschriften durchblättert, rauscht sie durch die drei Jahrhunderte Mode, die hier ausgestellt sind. Heimlich fotografiert sie den Inhalt der ein oder anderen Glasvitrine: Den dreihundert Jahre alter Herrenmantel aus schwarzem Samt will sie zu Hause nachschneidern, und genauso das zartgelbe Kleid aus der Charlestonzeit, das mit weißen und schwarzen Jugendstilmustern bestickt ist.

„Vielleicht solltest du zur *Pitti*-Modemesse noch mal wiederkommen“, rate ich. „Da führen lebende Designer ihre Modelle vor.“

„Ach was, das neue Zeug ist langweilig“, meint meine Freundin, „diese alten Kreationen sind doch viel moderner!“

Schon im Mittelalter war Florenz Trendsetter in Sachen Mode. Die Tuchmacher stellten edelste Seiden, Brokate, Samt und Wolle her und verkauften sie über ihr ausgedehntes Handelsnetz an die Königs- und Fürstenhäuser bis nach England, Spanien und Polen.

„Was für ein Museum hast du noch zu bieten?“, will Susi wissen.

„Das erzähl ich dir beim Mittagessen“, sage ich und schlage vor, das *pranzo* auf dem *Mercato Sant'Ambrogio* einzunehmen.

„Können wir nicht an einem dieser Stände essen?!“, ruft meine Freundin und steuert auf einen Mini-Lieferwagen zu, der zu einer Art Küche auf Rädern umfunktioniert ist. Neugierig schaut sie den Bauarbeitern, die am Imbiss stehen, über die Schulter.

Einer dreht sich um und ruft mit verführerischem Ton: *„Ciao bella, che ti posso dare?* Was kann ich dir ‚geben‘?“ Er zwinkert ihr zu, alle lachen. Ein anderer bedenkt Susi mit einem Pfiff, aber sie interessieren die männlichen Aufmerksamkeitsbekundungen nicht, sie will nur wissen, was da gebrutzelt wird.

„Trippa alla fiorentina“, antwortet der Mann.

„Kutteln nach Florentiner Art“, übersetzte ich.

„Kutteln? Ist das nicht Pansen? Das kriegen bei uns nur die Hunde.“ Sie verzieht das Gesicht.

„Hier ist es eine Volksspeise. Sie werden mit Zwiebeln, Rotwein, Tomaten und Parmesan zubereitet."

„Furchtbar", sagt Susi und folgt mir in die Markhallen. Die ist überfüllt mit Hausfrauen, Rentnern und Studenten von der *facoltà di architettura* gegenüber. In der hinteren Ecke stehen schlichte Holztische, dazwischen ein schmaler Gang. Er dient den Kellnern als Einflugschneise. Im Laufschritt tragen sie Tellerberge an die Tische. Wir quetschen uns auf eine Holzbank zu einem jungen Paar. Ein vorbeieilender *cameriere* in essensverschmierter Schürze ruft:

„Acqua gassata o naturale? Vino?"

„Acqua gassata, Wasser mit Kohlensäure", sage ich schnell, egal welche Marke, bei den 250 Sorten Mineralwasser habe ich den Überblick verloren.

Schwungvoll landet eine Flasche *San Benedetto* auf dem Tisch und der Kellner trägt uns die Tagesgerichte vor, als wolle er einen Wettbewerb im Schnellsprechen gewinnen. Die Hälfte der Gerichte beinhalten *fagioli,* Bohnen. Ob grün und lang, weiß und dick oder rot und klein werden sie zu Suppen, Beilagen, Pastasauce und im *risotto* verarbeitet. Nicht ohne Grund heißen die Florentiner überall in Italien *mangiafagioli,* Bohnenfresser. Die Lombarden hingegen sind Rübenfresser und die Sizilianern Maccheronifresser.

Nervös wischt sich der Kellner mit dem nicht mehr weißen Ärmel über die Stirn. Überall rufen sie nach ihm. Er braucht eine zackige Bestellung. Ohne langes Nachfragen ordere ich einen Kichererbseneintopf und ein Risotto mit rotem Radicchiosalat. Beides steht eine Minute später auf dem Tisch – als fester, unansehnlicher Brei.

Susi schaut skeptisch. Erst als sie sieht, wie freudig ich mich darauf stürze, lädt auch sie einen Bissen auf ihre Gabel.

„Schmeckt viiieeel besser, als es aussieht", kommentiert sie.

„Ja, die Italiener kochen den Reis fürs *risotto* direkt im Sud aus Gemüse, Brühe und Wein anstatt in Wasser. Da nimmt der Reis den Geschmack der Zutaten an. Aber eben auch die Farbe."

Susi ist begeistert. Nach dem Essen muss sie aber mal aufs Klo, und ich beschreibe ihr den Weg in den Keller der Markthallen. Zwei Minuten später ist sie zurück: leichenblass!

„Was ist los?", frage ich erschrocken.

„Blut im Urin", stottert sie.

Ihre Tumoroperation an den Nieren ist nur wenige Wochen her. Susi muss sofort zum Arzt. Vor der Tür stoppen wir ein Taxi. Ich treibe den Fahrer an: „*Un'emergenza*! Ein Notfall. Er drückt aufs Gas, als wolle er Michael Schumacher Konkurrenz machen. Wir rasen durch die Stadt, über die *superstrada* zum *Ospedale Ponte a Niccheri*. Mit Blaulicht wäre es nicht schneller gegangen.

Im Krankenhaus frage ich nach der Urologie, aber die betreffenden Zimmer stehen leer. Nervös laufe ich den Gang auf und ab. Es muss doch ein Arzt zu finden sein. Oder sind die alle in der *Caffè*-Pause? Da hastet ein Mann im weißen Kittel um die Ecke.

„*Dottore*, wir haben einen Notfall, eine Frau aus Deutschland", rufe ich ihm zu, „könnten Sie uns sagen ..."

„Kommen Sie sofort mit!", antwortet er. Ohne eine Nummer zu ziehen, ohne in irgendeiner Schlange zu stehen, sogar ohne einen Ausweis vorzulegen, sich anzumelden, eine Versicherung nachzuweisen, wird meine Freundin untersucht. Ruhig, als hätte er plötzlich alle Zeit der Welt, befragt er sie, ich übersetze, er tastet sie ab und macht einen Ultraschall. Dann schüttelt er den Kopf.

„*Tutto a posto*. Alles in Ordnung. Ihre Freundin ist okay. Ich kann nichts Verdächtiges feststellen. So was kann nach einer Operation mal passieren", diagnostiziert der Arzt, „kein Grund zur Aufregung. Sie kann den Urlaub fortsetzen. Aber schonen Sie sie etwas."

Susi möchte aus Dankbarkeit ein Bündel Geld dalassen.

„Nicht nötig. Nutzen Sie Ihre Euro für den Urlaub. Alles Gute“, sagt der *dottore,* reicht Susi die Hand und eilt seines Weges.

Italien hält immer eine Überraschung bereit. Im Guten wie im Schlechten. Wo sich meterhohe Barrieren der Bürokratie auftürmen und man über drei Monate auf einen Ultraschalltermin wartet, öffnet sich plötzlich in der Not eine Tür der Menschlichkeit zwischen Gesetzen und Vorschriften. In diesem Land ist auf nichts Verlass. Nur auf eines: In der Not findet man immer jemanden, der einem hilft. Und genau deswegen fühle ich mich hier zu Hause.

Um Susi zu schonen, bringe sie raus aus der Innenstadt, mit all ihrem Smog. Denn je schöner die Tage werden, desto mehr sammeln sich die Abgase im Talkessel von Florenz. Das Quecksilber steht längst auf 35 Grad. Es weht kein Lüftchen mehr. Zur Erfrischung steigt jeder leicht bekleidet aufs *motorino* und verpestet die Luft noch mehr. Eigentlich sollten alle Zwei-, Drei- und Vierräder längst einen Katalysator haben, tatsächlich produzieren sie aber mehr Dreck als die deutschen Zweitaktrasenmäher. An manchen Tagen sehne ich mir eine Atemmaske herbei, wenn ich durch die Hauptstraßen radle.

Wie gern würd' ich dort wohnen, wo ich Susi jetzt hinverfrachte: auf meinem Lieblingshügel *Fiesole.* Die leichte Nordbrise kühlt die Temperaturen auf 30 Grad ab. Die frische Luft erinnert uns an Hamburg und der kollektive Müßiggang der Fiesolaner an Urlaub. Doch leider können sich dieses Gefilde nur Millionäre leisten.

„Ich hör mich trotzdem mal um“, meint Riccardo, als wir ihn in seiner *bar* besuchen. Bei einer *spremuta,* einem frisch gepressten Orangensaft, gibt er uns einen Tipp für Susis letzten Abend: eine Oper unterm Sternenhimmel, aufgeführt in dem uralten römischen Amphitheater: Der *Barbiere di Siviglia* wird ein gelungener Abschied für meine Freundin – und für mich der Saisonauftakt der nächtlichen Freiluftevents.

In den drei Sommermonaten werden Plätze, Parks, ja sogar die Fußballstadien zu Theatern, Kinos und Konzertbühnen umfunktioniert. Über unsere *Piazza Santissima Annunziata* dröhnen Rockkonzerte. Im *Stadio Campo di Marte,* wo sonst die Basketballprofis trainieren, flimmern über eine Riesenleinwand die neuesten Kinohits. Auf der palastgesäumten *Piazza Strozzi* flackern schwarz-weiße Streifen aus der *Cinecittà,* dem italienischen Hollywood.

Neben den Abenden unterm Sternenhimmel bringen die heißen Sommermonate auch die Verlangsamung des Lebenstempos mit sich. Wer mag bei der Hitze schon hetzen? Das Wetter zwingt geradezu zur Entschleunigung. Jeden Plausch dehne ich gemütlich auf das Doppelte aus, nehme mir wieder Zeit, die Paläste zu bestaunen, stecke meine Nase in kühle Kirchenhallen und verweile in Klostergärten. Jeden Tag entdecke ich neue Winkel in Florenz. Vor allem entdecke ich ein neues Lebensgefühl: das Genießen!

Offensichtlich lockt die Hitze mehr und mehr die Italienerin aus mir heraus: Meine deutsche Disziplin und mein Arbeitseifer sind jedenfalls nicht wärmebeständig. Das zu Erledigende reduziere ich auf ein Minimum, ohne schlechtes Gewissen. Klar hat auch diese Medaille eine Kehrseite: Wer sich im Leben Zeit lässt, kann von den Beamten nicht erwarten, dass sie im Laufschritt durch ihre Ämter eilen. Aber da ich längst zum Profi des *arrangiarsi* herangewachsen bin, überbrücke ich das Warten bei der katholischen Gewerkschaft mit dem Schreiben eines Gedichtes, das mir schon eine Weile im Kopf rumschwirrt, und zahle, als ich dran bin, gut gelaunt bei Engel Maria meine Steuern. Tags drauf lege ich gelassen den Carabinieri der Ausländerbehörde meine Steuerbescheinigung vor, lese auf dem Schalensitz wartend einen Text Korrektur und erhalte im Gegenzug ganz unkompliziert meine Aufenthaltsgenehmigung. Als wäre es nie ein Problem gewesen, ist sie für die nächsten fünf Jahre gültig, und damit ebenso meine staatliche Krankenversicherung. Sollte dieser reibungslose Ablauf meiner guten Laune zu verdanken sein? Oder hat meine Qigongschülerin Donatella bei ihren Kollegen in der *Questura* ein gutes Wort für mich eingelegt?

Juli

Addio Mamma!

Wie Soldaten stehen die pinkfarbenen Sonnenschirme aufgereiht am Strand. Irgendwo in dieser Schirmarmee stecken die Santinis. Gar nicht so einfach zu finden, aber Giulio kennt ihre ungefähre Lage aus den Familienurlauben der Vorjahre. Um meinen Teil zum Familienfrieden beizutragen, habe ich eingewilligt, mich diesem Ritual für ein Wochenende anzuschließen, auch wenn ich einem erneuten Zusammentreffen mit der Signora Santini mit mulmigem Gefühl entgegensehe.

Unter einem großen rosafarbenen Schirm turnen Sara und Lulù in Badeanzügen. Signora Santini, Anna und eine dritte Frau sitzen auf Handtüchern im Sand und schneiden frische Früchte. Vater Lapo streckt sich in seinen blauen 50er-Jahre-Badeshorts auf einer pinkfarbenen Liege in der Sonne aus und blättert in der *Repubblica*.

Die Mädchen entdecken uns als Erste, stürmen juchzend auf Giulio zu und springen ihm auf den Arm. Er lässt sich rückwärts in den Sand fallen und kitzelt die beiden durch. Dann rappelt er sich auf und schleppt die kreischende Sara in Richtung Meer. Anna hört ihre Kinder quietschen, schaut hoch und winkt mir freudig zu. Kaum hat auch meine Schwiegermutter in spe mich entdeckt, schickt sie mir einen Blick wie ein Schwert aus Eis. Sie nickt einmal in meine Richtung, ohne ihre Miene einen Zentimeter in Richtung Lächeln zu verziehen, und widmet sich wieder ihrem Obstsalat. Ihr neapolitanisches Herz ruft unüberhörbar nach *vendetta* – für die telefonische Abschirmung, die ich seit Wochen erfolgreich durchziehe. Einen Frieden oder auch nur Waffenstillstand werde ich wohl vergessen können, zumindest für diesen Urlaub, und ein freundschaftliches „Du", das ich seit Weihnachten mit ihrem Ehemann pflege, erst recht.

Anna zieht mich unter den rosa Sonnenschirm und gibt mir einen Kuss auf die Wange. Ihre Mutter erklärt, sie könne mir ihre klebrigen Obsthände nicht reichen, und gönnt mir dafür ein zweites trockenes Nicken. Ich tue, als wäre nichts gewesen, und rufe *„ciao"* in die Runde. Die dritte Frau unter dem Schirm stellt sich als Laura vor, Giulios ältere Schwester aus Rom. Ihr Teint ist dunkel wie der ihrer süditalienischen *mamma*, nur ihr Gemüt ist heller und die Augen wacher, wie die einer Künstlerin. Mit rauer Stimme heißt sie mich herzlich willkommen, und damit bin ich in den Frauenzirkel aufgenommen. Der kümmert sich um die Verpflegung, sichert das eroberte Stück Strand gegen Übergriffe der Nachbarn und bewacht das Hab und Gut, solange die Ehemänner, Väter und Söhne im Wasser tollen, Bälle durch die Luft schmettern und sich vergnügen.

Während die Frauen im Urlaub ihre Alltagsrollen nicht verlassen, werden die Männer zu Kindern und haben mehr Blödsinn im Kopf als der eigene Nachwuchs. Und falls ein *echter* Mann, wie Fulvio, gerade keinen Unfug ersinnt, genießt er den guten Ausblick: auf die Schönheiten, die den Strand entlangflanieren. Die Angeheiratete, in diesem Fall Anna, gibt vor, nichts zu bemerken.

Unter dem Vorwand, den Rest der Familie begrüßen zu wollen, verlasse ich die Frauenrunde und entkomme der Kühle von Signora Santini, die mich selbst bei 35 Grad im Schatten frösteln lässt. Giulios Vater Lapo ist hoch erfreut, mich zu sehen, räkelt sich aus seinem Liegestuhl, reicht mir die Hand und neigt sein Haupt. Derweil haben Fabio, Fulvio und ein dritter Mann in Badehose Sara, Lulù und Giulio umringt. Sie fallen einander in die Arme, küssen und knuddeln Giulio, wie ich es bei Männern noch nie gesehen habe. Plötzlich stellt Fulvio Giulio ein Bein und wirft ihn in den Sand. Fabio und der Dritte, Giulios Bruder Francesco, stürzen sich auf Fulvio und im Nu sind die vier zu einem Männerknäuel verworren. Die Mädels tanzen kreischend drum herum. Nach ein paar Minuten entwirren sich die braungebrannten Körper, klopfen lachend den Sand von der Haut, umarmen einander noch einmal, und das Begrüßungsritual ist vollendet.

Der Italiener hat keine Angst vor Körperkontakt. Er herzt jeden, den er mag: vom Enkel bis zum Opa, von der Schwester bis zur Cousine. Nur bei fremden Frauen hat er seine Hemmschwelle, die wahren Gefühle zu offenbaren. So wild er ihr auch nachpfeift, können zwischen der ersten Nacht und den Worten *„ti amo*, ich liebe dich" Jahre vergehen. Die Zwischenzeit überbrückt er gern mit dem Satz *„ti voglio bene"*, was ungefähr so viel bedeutet wie „ich habe dich lieb".

Plötzlich spüre ich Blicke, die mich unangenehm durchbohren, und drehe mich um. Ein muskulöser Kerl im knallengen Tanga mustert mich von oben bis unten. Zentimeterweise schaut er meinen Körper durch mein Leinenkleid hindurch prüfend an. In aller Ruhe gibt er sich dem Vergnügen hin und stört sich nicht daran, dass ich ihn dabei erwischt habe.

Giulio hatte mich ja gewarnt: *„Eros è dappertutto*. Eros ist überall, vor allem am Strand." Daraufhin hatte ich mich auf Pfiffe oder Sprüche wie auf den Straßen von Florenz eingestellt und meine Sonnebrille eingesteckt. Aber gegen visuelle Attacken in diesem Ausmaß ist selbst meine Brille machtlos. Nun ist Hinschauen ja nicht strafbar und Belästigung durch Augenkontakt nur schlecht nachweisbar, soll ich mir diese Blicke deshalb gefallen lassen?

„Basta! Smettila di guardarmi! Schluss mit der Glotzerei",

bricht es aus mir hervor. Auffordernd klatsche ich in die Hände, als wolle ich einen Hund verscheuchen. Verstört über den ungewohnten Widerstand dreht er sich wortlos um und trollt sich.

Unter dem Frauenschirm dringt lautes Gelächter hervor.

Anna klopft sich auf die Schenkel. „*Fantastico!* Klasse. So cool hätte sich keine italienische Frau zur Wehr gesetzt. Dabei heißt es, ihr Ausländerinnen nehmt uns die Männer weg. Vielleicht sollte man lieber sagen, ihr erzieht sie für uns!", ruft Anna vergnügt.

Sie trommelt ihre Familie zusammen: Der Obstsalat ist fertig. Es fehlt nur noch das Eis. Das *gelato* für die ganze Familie sollen schnell mal Fulvio und Fabio besorgen gehen.

Kein Problem für die beiden, denn unsere Strandparzelle bietet alles, was das Herz eines Badegastes begehren könnte: Eiscreme, Zigaretten, Sonnenlotion, Sodawasser, Tageszeitungen, Taschenromane, Taucherbrillen für die *bambini* und den stündlichen *caffè,* ohne den der Italiener natürlich auch am Meer nicht auskommt. Nicht selten stehen ihm ebenfalls ein Restaurant mit Terrasse, ein Pool oder Kinderrutschen zur Verfügung.

Diese perfekte Shoppingunterhaltungsinfrastruktur trägt den simplen Namen: *bagno,* Bad. Den ganzen Küstenstreifen entlang klebt eines an dem nächsten. Jedes einzelne Strandstück ist eingezäunt und trägt einen poetischen Namen, wie etwa *Aurora* (Sonnenaufgang), *Buonavita* (gutes Leben) oder in unserem Fall „*Nettuno*" (Neptun). Gut sichtbar prangen die riesigen Lettern auf dem Torbogen, der den Weg ins Badeparadies weist.

Damit der Urlauber bei all den *bagni* nicht die Orientierung verliert, ist jedes in einer eigenen Farbe gehalten, vorzugsweise in Azurblau, Sonnenblumengelb, Lindgrün oder wie unser *Nettuno* in Rosa: Egal ob Schirme, Stühle, Liegen, der

Steg oder die *bar*, alle tragen sie Einheitsfarbe. Die Nuancen reichen allerdings von Bonbonpink bis Schweinchenrosa.

Die nostalgischen Umkleidekabinen aus dem 19. Jahrhundert sind korallenfarben getüncht. Die uralten Badehäuschen dienen heute als Abstellraum für alles, was nicht ins Hotelzimmer passt, vom Schlauchboot bis zur Schwimmflosse. Und manch einer nutzt sie weiterhin zum Wechseln der Badehose, denn um keinen Preis würde ein Italiener seinen Hintern nackt in die Landschaft halten.

Als die Häuschen vor 150 Jahren erbaut wurden, stiegen Männer und Frauen noch getrennt voneinander und in Badekleidern ins Meer. Die wenigsten Strandgäste konnten damals schwimmen, deshalb eröffneten die ersten Schwimmschulen. Jedoch badete man nicht zum Vergnügen, sondern zum Zwecke der Gesundheit, und ließ sich begleitend mit Jodsalztherapien und Schlammpackungen behandeln. Für die abendliche Unterhaltung der Badegäste sorgten edle Hotels, Cafés, Ballsäle und Theater, die noch heute als farbenprächtige Jugendstilbauten die Promenade zieren und einen Hauch von Nostalgie versprühen. Sie erinnern an die Zeit, als Viareggio eines der ersten Strandbäder an der 8600 Kilometer langen italienischen Küste war.

Blendend gelaunt spazieren Giulios Schwager Fulvio und sein Neffe Fabio den pink lackierten Steg hinunter zum Strand. In ihren Händen jonglieren sie elf Becher Eis. Halb geschmolzen ist der Erfrischungseffekt so gut wie dahin. Kühlung ist in der prallen Mittagssonne ohnehin nirgendwo zu finden, nicht mal im Meer. Die meisten Urlauber flüchten zur Siesta vom Strand, auch Giulios Eltern verbringen die *ora tremenda*, die „schreckliche Stunde“, wie es im Familienjargon heißt, vorzugsweise im Apartment. Wir folgen erst am Abend.

Ich weiß nicht, warum ich mir eine Vier- oder Fünfzimmerwohnung vorgestellt hatte, vielleicht weil ich wusste, dass wir dort zu elft übernachten werden. Tatsächlich ist die Wohnung nicht größer als ein Campingwagen mit Vorzelt. In der Wohnschlafküche schnipseln die Frauen Salat, köcheln eine Pasta mit Meeresfrüchten und Weißwein und braten Schwertfischfilets.

Die Männer sitzen unterdessen in freudiger Erwartung auf das *cena* am Terrassentisch. Vater Lapo blättert in einem Buch, Giulio im *Venerdì*, dem Wochenendmagazin der *Repubblica;* Fulvio und Fabio messen sich beim Computerspiel. Ich würde mich gern zu ihnen gesellen, aber Signora Santini signalisiert mir, dass ich gar keinen Fuß auf den Boden bekomme, wenn ich der Küche fernbleibe. Als Waffenstillstandsbemühung übernehme ich Hausfrauenpflichten: trage Teller raus, bediene die Männer, decke ab, wasche ab und serviere brav einen *caffè*.

Anschließend bauen wir Frauen das Nachtlager. Fünf Betten in einem Raum, sechs in dem anderen: drei Ausziehsofas, eine Luftmatratze und vier ausklappbare Feldbetten, die wir aus einem Verschlag neben der Terrasse zerren. Dabei zeigt mir Signora Santini weiterhin die kalte Schulter. Ob meine Schwiegermutter in spe wohl noch weitere Gemeinheiten für mich plant? Nicht dass ich mein Lager womöglich direkt neben ihr beziehen muss. Oder neben dem vermutlich furchterregend schnarchendem Fulvio.

Die zweite Befürchtung erweist sich als begründet. Um mich besonders weit von ihrem Bett fernzuhalten, zerreißt Signora Santini die Familie von Anna. Ihre drei Enkelkinder Fabio, Sara und Lulù quartiert sie bei sich und ihrem Mann Lapo im Zimmer ein. Anna, die Mutter der drei, verfrachtet sie mit Ehemann Fulvio in das Sechserzimmer zu den Geschwistern Laura, Francesco und Giulio. Ich werde direkt neben Schnarcher Fulvio auf der einzigen Luftmatratze einquartiert.

Mein Liebster versichert mir, dass diese gemischten Nachtlager in italienischen Familien nichts Außergewöhnliches sind. Trotzdem ist mein Sinn für Privatsphäre empfindlich gestört. Schon als meine Qigongschülerin Donatella mir erzählte, dass sie aus Geldmangel mit Mann und Kind bei ihren Schwiegereltern mit in die Dreizimmerwohnung eingezogen ist, schüttelte ich ungläubig den Kopf. Nie hätte ich gedacht, dass mich ein ähnliches Schicksal treffen könnte. Sicher wusste ich, dass *la famiglia* eng aufeinanderhockt, aber solche kollektiven Nächtigungen lagen jenseits meiner Vorstellung.

„Giulio, mir geht es nicht gut, ich muss an die frische Luft!", flüstere ich ihm nach einer schlaflosen Stunde zu. Glücklicherweise erwachen sofort seine Beschützerinstinkte und er folgt mir.

„Dahinein geh' ich nicht zurück", bricht es vor der Tür aus mir hervor, „egal wo ich schlafe, aber nicht in diesem Familienlager!"

„Warum nicht?"

„Was für eine Frage? Das kann ich nicht! Ich brauche ein wenig Freiraum. Außerdem will ich dich nachts für mich haben."

„Ist doch nur für ein paar Tage, nur für den Familienurlaub."

„Familie hin, Familie her, für mich ist das eine Tortur und kein Urlaub. Da zahle ich lieber ein Hotel!"

Die sind fast alle ausgebucht, denn es ist bereits Hochsaison. Das günstigste Zimmer, das wir finden, kostet 250 Euro. Da ziehe ich eine kostenlose Nächtigung unter freiem Himmel vor. Giulio meint, draußen täten wir kein Auge zu, aber er folgt mir widerstandslos mit dem Schlafsack unterm Arm an die *spiaggia*.

„Und was hast du deiner Mutter gesagt?", will ich wissen.

„Dass du noch nie am Strand geschlafen hast und dass ich dir heute Nacht deinen großen Kindheitstraum erfülle."

„Raffiniert!"

„*Però* ... Sie hat's durchschaut, glaube ich. Aber sie will ja belogen werden. Oder meinst du, sie würd' sich eingestehen, dass sie was falsch gemacht hat", sagt er, zuckt mit den Achseln und holt eine Flasche Rotwein aus seinem Rucksack hervor.

Je später die Nacht, desto ungemütlicher wird es unterm Sternenzelt. Die Luft wird feuchter, die Temperaturen kühler und die Nachtwächter der *bagni* penetranter. Sie sind abgestellt, dafür zu sorgen, dass niemand auf den Liegen übernachtet. Wir schultern also unsere Schlafsäcke und stampfen den Strand entlang, in Richtung des Schwulenparadieses *Torre del Lago*. Dort hören die *bagni* auf, die Küste wird wilder, und wir finden in den Dünen ein geschütztes Plätzchen.

Weder Laternen noch Discolaser erleuchten den Himmel über uns. Die Sterne scheinen so viel heller zu strahlen. Irgendwo dort oben, neben dem Jupiter, kreisen die *Galileischen Monde*. Mit bloßem Auge kann ich sie nicht erkennen. Galileo Galilei entdeckte sie erst, nachdem er in Florenz ein Fernrohr mit 33 Linsen erfunden hatte. Im Jahr 1610 war das eine Revolution für die Wissenschaft, denn mit seinem neuen Teleskop fand er in wenigen Wochen mehr Planeten als je ein anderer Mensch vor ihm.

Die Medici-Fürsten, die Galilei als Hofwissenschaftler finanzierten, waren fasziniert von seinen Arbeiten. Dem genialen Kopf entsprangen Thermometer, hydraulische Waagen, Energiemaschinen, sogar eine Tomatenpflückmaschine und ein Taschenkamm, den man als Besteck nutzen kann. Doch als er Kopernikus' These belegte, dass die Erde sich um die Sonne dreht, wollte der Papst ihn auf den Scheiterhaufen stecken. Gotteslästerlich fand Urban VIII. Galileis Behauptung. Das ganze Universum müsse sich um die Erde drehen, denn immerhin sei hier der Wohnsitz des Papstes und damit auch der Wohnsitz Gottes. Nur mit Mühe konnten die Medici

Galileo Galilei vor dem Tod retten, mussten ihn jedoch bis ans Lebensende in Florenz unter Hausarrest stellen.

Glücklicherweise hatte es Signora Santini nicht geschafft, mich für den Familienurlaub unter ihren Hausarrest zu stellen. Meine nächtliche Revolte hat sie jedoch reichlich verstimmt. Am nächsten Morgen weigert sie sich, mich zu grüßen. Doch die gesammelte Familie gibt weiterhin vor, nichts von der mütterlichen *vendetta* zu bemerken. Einstimmig schweigen sie, auch Giulio. Seine Erfahrung sagt ihm, dass jede Konfrontation mit seiner *mamma* im Eklat endet statt in der Versöhnung. Aussitzen hält er für die beste Strategie. *Va bene!* Dann verliere ich auch kein Wort. Erst als Signora Santini mir bedeutet, dass ab heute kein Platz mehr für mich unter dem rosa Sonnenschirm ist und ich auch nicht beim abendlichen *cena* auftauchen brauche, eilt mir Anna zur Hilfe.

Unauffällig steckt sie mir die Handynummer eines Agenten für Ferienwohnungen auf *Giglio* zu und rät mir, Giulio dorthin zu entführen. Er liebe die Insel, und sein Freund Roberto fahre dort auch jedes Jahr hin. Außerdem liefert mir Anna die perfekte Ausrede mit: „Sag einfach, ein Freund feiert dort einen runden Geburtstag." Sie zwinkert mir zu. „Du bist nicht die Erste, die meine Mutter vergrault. Sie denkt, sie hätte das Recht, alle Frauen ihrer Söhne zu maßregeln", flüstert sie, als ihre *mamma* sich ein paar Meter weiter unter einer Stranddusche erfrischt.

Vater Lapo kommentiert unsere Abfahrt mit einem Bündel Geldscheine und dem Satz: *„Godètevela. Genießt die Zeit."*

Einen Tag später sitzen wir auf der Fähre von *Porto Santo Stefano* nach *Giglio*. „Ein Naturparadies", schwärmt Giulio. Ganz ohne *bagni,* dafür mit Naturstränden, Taucherrevieren und einem Nationalpark, der sich über die Hälfte der Insel erstreckt. Eine Stunde lang schippern wir auf der Autofähre übers Meer, bis das kegelförmige Eiland vor uns auftaucht.

Der Hafen gleicht einer Puppenstube. Winzige bunt bemalte Häuser reihen sich am Kai auf: fünf bis zehn Meter breit, zwei Geschosse hoch, aus der Zeit, als *Giglio* noch zum ärmsten Teil der Toskana gehörte und Touristen hier fremd waren. Bis in die 1960er Jahre lebten die Bewohner wie vor Jahrhunderten vom Fischfang, handelten mit Weintrauben, Feigen und Granit. Wer konnte, floh von der Insel, um sich irgendwo eine bessere Zukunft aufzubauen.

Die Fähre liegt wie ein gestrandeter Wal vor einer Spielzeugmole. Das Schiff überragt die Häuser um Stockwerke. Auf der Promenade herrscht reger Betrieb, aber nicht hektisch wie im Hafen von *Livorno*, sondern im Urlaubstempo. In den Souterrains der Fischerhäuser öffnen Bars, Souvenirshops, Zeitungskioske, Schmuck- und Klamottenläden ihre Türen. Eine kleine Straße führt durch den 850-Seelen-Ort direkt zum Busbahnhof, der nichts weiter ist als ein Parkplatz, auf dem zwei Busse halten. Alle zwanzig Minuten pendeln sie zwischen den drei Inseldörfern, die wenig einfallsreiche Namen tragen: *Porto* (Hafen), *Castello* (Burg) und *Campese*, was nach *campo* (Feld) einen ländlichen Bezug hat.

Wir besteigen das Gefährt nach Castello. Der blaue Linienbus schlängelt sich an kargen Felsen entlang, über Serpentinen von null auf 405 Meter zur alten Festung. Wie ein I-Tüpfelchen thront sie auf dem höchsten Punkt der Insel. Am Tor der Stadtmauer erwartet uns der Hausagent Piero. Er klimpert hektisch mit einem dicken Schlüsselbund und ruft: *„Benvenuti!"*

Unsere Rucksäcke geschultert, folgen wir ihm durch die verwinkelten Gassen, die so schmal sind, dass Castello von jeher auto- und motorradfrei ist. Im Laufschritt leiert Piero für uns Gäste ein paar Geschichtsdaten runter: „Castello wurde vor neunhundert Jahren von den Pisanern als Festung erbaut. All die kleinen Wohnhäuser kamen über spätere Jahrhunderte dazu. Aus Sicherheitsgründen wollte jeder innerhalb des Befestigungsrings wohnen, deshalb ist es hier so eng. Heute leben im Castello immerhin 7000 Menschen – allerdings nur im Sommer." Er lacht.

Tatsächlich scheinen die Häuser aus den grauen Natursteinen wie Bienenwaben über- und aneinandergeklebt. Viele Wohnungen in den oberen Geschossen sind nur über die *balzuoli,* die steinernen Außentreppen, zu erreichen. So auch unser Domizil. Zielsicher findet Piero unter circa fünfzig Schlüsseln den richtigen und öffnet die Holztür: Auf den Terracottafliesen steht ein massiver Holztisch für acht Personen. Schlafplätze gibt's allerdings nur vier: ein Ausziehsofa vor dem Kamin und zwei nostalgische Eisenbetten im Schlafzimmer. Die Küche hängt in einem Erker über dem engen *vicolo.* So eng, dass ich aus dem Fenster den Nachbarn gegenüber die Hand reichen könnte. Ansonsten beschenkt uns unsere Etage mit so viel Licht, wie ich lange nicht mehr genossen habe.

Auf der Suche nach etwas Essbarem begeben wir uns in die verwinkelten Gassen, schlendern über Treppen, unter Torbögen hindurch, und versuchen, uns den Weg durch dieses Labyrinth zu merken. In allen Himmelsrichtungen stoßen wir an die alte Stadtmauer, werfen einen Blick hinüber und erspähen jedes Mal in der Ferne das Meer, das in der Sonne glitzert.

Kein Motorenlärm, keine Abgase, keine laute Musik, nicht mal einen Supermarkt gibt es in Castello, sondern nur zwei Tante-Emma-Läden. Die Obst- und Gemüsekisten stehen aus Platzgründen vor der Tür in der Gasse. Auf einigen Treppenabsätzen hat eine winzige *osteria* kerzenbeleuchtete Tische aufgestellt. Gibt es einen schöneren Ort für ein romantisches Mahl zu zweit?

Am nächsten Morgen erstehen wir zwei Wochenkarten für den Bus und machen uns auf nach *Campese,* zu der Bucht mit dem fünfhundert Jahre alten Leuchtturm, den die *Medici-*

Herrscher von Florenz als Vorposten zum Schutze ihres Reiches erbauen ließen. An dem kleinen Sandstrand liegen ein paar bunte Handtücher. Keine Schirmreihen, kein Jetski, keine dröhnenden Radios weit und breit. Nur das Rauschen des Wassers, das Kreischen der Möwen und das leise Knattern eines Fischerbootes, das um den Leuchtturm schippert.

Schrill klingelt mein Handy. Ich erschrecke.

„Pronto! Ja, er ist da. Sekunde!" Ich reiche Giulio das *telefonino*.

„Sorpresa! Überraschung", ruft Roberto. „Marzia und ich warten schon seit Tagen auf dich. Aber du musstest ja erst nach Viareggio fahren." Die beiden winken uns aus dem Café am Strandende zu.

Mein Liebster ist außer sich: „Wie konntest du mir verheimlichen, dass mein bester Freund auf der Insel ist?!"

Die beiden Männer sind sich sofort einig: Sie wollen Marzia und mir die schönsten Flecken auf Giglio zeigen, über die alten Eselspfade mit uns zum Leuchtturm an die Südspitze wandern, zur alten Mineralmine, zur rauen Steilküste im Osten. Aber heute bringen sie uns erst mal über einen felsigen Pfad bis zur *Cala Pozzarelli*, einer menschenleeren Badebucht mit karibikblauem Wasser. Beim Schnorcheln entdecken wir Korallen- und Krebsbänke, dann klettern wir auf die Felsen und lauschen der Musik der Wellen. So hatte ich mir meinen Sommerurlaub in der Toskana vorgestellt.

Bei Sonnenuntergang kehren wir zurück in die Burg. Unsere Nachbarn hocken mit einer Flasche Wein auf den Stufen ihrer *balzuoli* und tauschen über die Gasse hinweg Neuigkeiten aus. Von Treppchen zu Treppchen, von Fenster zu Fenster quatschen sie über die daheimgebliebenen Männer und Kinder, die am Wochenende nachkommen. Wie Giulio am Akzent erkennt, kommen die meisten Gäste aus Rom. Sie sind froh, dass sie der Sommerhitze und dem Chaos der Millionenhauptstadt entfliehen konnten. Sie loben den Frieden in

„ihrem" Castello, eine Idylle, die sie sonst nirgendwo mehr finden. Um jeden Preis wollen sie sie erhalten, restaurieren die Häuser, gestalten die *vicoli* im historischen Sinn und bringen damit jede Menge Geld nach Giglio.

„In Florenz genügen wohl keine Handvoll idealistischer Bürger, um die Stadt zu erhalten", bemerke ich, zurück in Florenz, bei einem abendlichen Stadtbummel durch die Gassen. An jeder Ecke bröckelt der Putz, Fassaden tragen schmutziges Grau, und Skulpturen werden vom ätzenden Kot der Tauben zerfressen. Zwar wird hier und da restauriert und poliert. Aber was sind schon ein paar hundert Handwerker und Restauratoren bei einer acht Quadratkilometer großen, historischen Altstadt? Tausende von Palästen, Kirchen, Statuen, Brunnen, Fresken, Marmorgräbern, Gemälden und über siebzig Museen beherbergt Florenz – so viele Kunstwerke, wie keine andere Stadt Italiens. Dabei ist Florenz nur eine von 20 000 italienischen Städten, deren Ortskern denkmalgeschützt ist. Kein Land der Welt kann da mithalten.

„Allein damit nicht alles auseinanderbricht, bräuchte man Millionen, Milliarden von Euro", meint Giulio, „ein maroder Staat wie Italien bringt nicht mal einen Bruchteil davon auf."

Er zeigt auf das Baugerüst, das an der Domfassade lehnt: „Solange ich hier lebe, wird der *duomo* gereinigt. Sind die Restauratoren am Ende angekommen, fangen sie gleich wieder von vorne an." Der Florentiner Kunstetat ist einfach zu klein. Zuschüsse für kleine Museen werden alle paar Jahre nach dem Zufallsprinzip vergeben. Kaum haben die Häuser eine kleine Summe erhalten, laufen Reparaturen an, und anschließend liegen sie aus Finanzmangel jahrzehntelang brach: Der *Palazzo Davanzati,* einer der ältesten erhaltenen Wohnpaläste, wird seit 1966 renoviert. Seit 15 Jahre sind die oberen Geschosse geschlossen und kaum ein Handstreich wurde mehr getan. Niemand weiß, wann sie je wieder eröffnen werden.

Das *Dantehaus,* so vermeldeten die Zeitungen, brachte es auf *nur* zwölf Jahre Restaurierung. Nicht allen Baudenkmälern ist so viel Glück beschieden. Die kleine Kirche *San Procolo* stürzte mitten in der Nacht ohne äußere Einwirkung in sich zusammen, zweihundert Quadratmeter Dach knallten ins Kircheninnere. Vier Monate später löste sich ein drei Kilo schwerer Stein mittags um zwölf Uhr aus dem Mauerwerk des *Bargello* und krachte auf den Gehweg. Nur dem Zufall ist es zu verdanken, dass niemand erschlagen wurde, denn montags hatte das Museum geschlossen. An jedem anderen Tag hätte sich genau am Aufprallort die Warteschlange für die Kasse entlanggezogen.

Die Kommune machte die vorbeifahrenden Busse für das Unglück verantwortlich, angeblich hätten sie Vibrationen ausgelöst, die den Stein lockerten. Bedacht wurde jedoch nicht, dass Busse überall im Zentrum fahren und demnach Tausende von Gebäudefassaden überprüft werden müssten.

„Und dann gibt es so was!“, ruft Giulio begeistert und zeigt auf die Hausecke an der *Via Cavour* zur *Piazza San Marco.* Unter Glas ist eine Madonna mit Kind auf die Fassade gemalt. Das Fresko stammt aus dem 16. Jahrhundert – von einem gewissen Gheraldo di Giovanni. Neben dem Bild hängt eine Messingplakette an der Wand. Darauf steht geschrieben: „Restauriert im Jahr 2000 im Andenken an Nello und Bruna Giovannini“.

„Stell dir vor, hier spendet jemand ein Vermögen, damit ein Bild von einem bedeutungslosen Maler an einer Wand zwischen *bar* und Bushaltestelle erhalten bleibt. Ist Italien nicht großartig?“

Ich nicke, stolpere im gleichen Moment über eine Coladose. Daneben liegt ein Cent auf dem Gehweg. Ich hebe ihn auf.

„Was machst du da?“, fragt Giulio entsetzt.

„Ich hab’ einen Cent gefunden“, sage ich glücklich.

„Was willst du damit? Lass ihn liegen. Der ist dreckig!"

„Auf keinen Fall, der bringt Glück! Wusstest du das nicht?"

„Da kannst du in Italien ein glücklicher Mensch werden. Kleingeld schmeißen viele einfach weg. Das kommt noch aus der Zeit der Lire, die zum Schluss kaum mehr einen Wert hatte."

Tatsächlich bekam ich vor Euro-Zeiten für eine Mark tausend Lire. Beim Bezahlen gab niemand auf die Lire genau raus. Jeder rundete auf die Hunderterstellen auf oder ab. Dieser lockere Umgang mit dem Wechselgeld lebt bis heute: Regelmäßig beschenken mich Supermarktkassierer und Markfrauen mit Centbeträgen.

„Ein Grund zum Wegschmeißen ist das trotzdem nicht", erwidere ich und zitiere ein altes Hamburger Kaufmannsmotto: „Wer den Cent nicht ehrt, ist den Taler nicht wert."

„Die Italiener nehmen nur das große Geld wichtig. Das Kleingeld wirft man schon mal jemandem vor die Füße", meint Giulio. „Als unser ehemaliger Staatschef Craxi Staatsgelder veruntreute und es ans Licht kam, beschmiss ihn eine wütende Menge mit Lire-Münzen."

Korrupte Politiker, Beamte, Mafiosi, ja sogar Sportler betrügen, veruntreuen und bestechen wie in kaum einem anderen westeuropäischen Land. Aber kontrastreich wie Italien eben ist, gibt es auf der anderen Seite nirgendwo so viele ehrenamtlichen Arbeiter wie hier: 3 300 000 Italiener leisten unentgeltlich soziale Dienste, meldete das Radio vor einigen Tagen. Neben ihren Jobs pflegen sie in ihrer Freizeit Parks, betreuen Alte und Behinderte, hüten Kinder, geben Konzerte, helfen Mitbürgern bei ihren Steuererklärungen und ermöglichen Museen, Bibliotheken und Gärten durch ihre freiwillige Mitarbeit längere Öffnungszeiten. Alles, ohne einen Cent dafür zu verlangen.

Ich beschließe, zwar den aufgehobenen Cent zu behalten, aber in Zukunft noch mehr Großzügigkeit zu leben, und bekomme gleich die Möglichkeit: Eine Bekannte von Giulio, die gerade ihren Job als Touristenführerin verloren hat, braucht Hilfe bei einer Übersetzung für ihre neue Bewerbung.

August

Das süsse Leben

37 Grad, der Himmel ist so blau wie sonst nur auf Postkarten. Die Plätze von Florenz sind wie leergefegt. Die wenigsten Läden öffnen noch laut ratternd ihre Rollläden. Kindergärten, Schulen und Universitäten sind verrammelt. Kaum ein *motorino* saust durch die ausgestorbenen Gassen. Der Smog der letzten Monate hat sich verzogen. Die Florentiner sind ausgeflogen. Jeder, der es sich leisten kann, flieht im heißen August in die Kühle der Apenninberge oder an die endlosen Strände des Landes. Sogar die Großbaustellen sind verwaist. Niemand pfeift mir mehr von den Gerüsten aus hinterher: Die Bauarbeiter, meist Süditaliener, besuchen ihre Familien in Kalabrien, Apulien oder auf Sizilien und selbst die Gigolos der Straßen haben ihre Arbeitsplätze in andere Gefilde verlagert. Nur noch einige Touristen bevölkern die Plätze.

Nie ist die Stadt ruhiger als am *ferragosto*, dem 15. August, dem höchsten italienischen Feiertag. Eigentlich ist heute Mariä Himmelfahrt, aber tatsächlich denkt niemand an Maria, sondern nur an den freien Tag. Oder besser gesagt: an den Tag im Freien, denn *ferragosto* nutzen alle für einen Ausflug ins Grüne, vor die Tore der jeweiligen Stadt. Das führt insbesondere in Metropolen wie Rom oder Mailand zu gewaltigem Chaos. Millionen Menschen stehen an diesem Tag stundenlang im Stau. Die Florentiner, schlauer oder reicher, erweitern den *ferragosto* vorzugsweise zu einer Woche Urlaub; lieber noch zu einem Monat, oder zwei, die sie irgendwie um den 15. August herumorganisieren.

Giulio hingegen schiebt eine gut bezahlte Sonderschicht im Museum. Noch vor einer Generation war das undenkbar, denn zu *ferragosto* hatte wirklich jeder Italiener frei und alle öffentlichen Einrichtungen waren geschlossen. Heute werden in der Tourismusbranche von Mai bis September Urlaubssperren verhängt. In den Uffizien würfeln die Kollegen ihren Sommerurlaub untereinander aus. Wer Pech hat, und dazu gehört dieses Jahr auch Giulio, muss die heißen Monate durcharbeiten.

Viele schöne Tage muss ich also allein verbringen. Die meisten beginne ich mit einer Stunde Qigong im Freien, denn endlich habe ich den perfekten Ort dafür gefunden: *il Parco della Villa Il Ventaglio,* einen vor hundertfünfzig Jahren angelegten romantischen Garten mit prächtigen Linden, Kastanien, Ulmen und einer stets frisch gemähten Rasenfläche. Auf der Wiese am Ententeich treffe ich im Morgengrauen Giuliana, die auch in der Stadt übersommert.

„Ich liebe es, wenn die versnobten Florentiner ausgeflogen sind und wir die Stadt für uns allein haben", schwärmt meine Freundin, die in einem Dorf des Casentino aufgewachsen ist. Sie zeigt auf die menschenleeren Parkwiesen. „Ist doch herrlich! Ich fahre erst ans Meer, wenn sie alle von dort zurückkommen, so Ende September."

„Hast du denn im August überhaupt Patienten?", will ich wissen.

„Jede Menge. Die landen alle bei mir, weil die anderen Praxen dicht haben, und bei der Hitze haben viele ältere Menschen Herz- und Kreislaufprobleme, Kinder bekommen Allergien."

Neben dem guten Geld, das Giuliana im August verdient, nutzt sie den Monat für größere Reinigungsaktionen. Sie wäscht Bettdecken, Wollpullis und Teppiche, denn nur bei der Sommerhitze trocknen sie auf der Leine vor dem Fenster richtig durch und werden den feuchten Muff vom Winter los.

Selbst für ihre Freizeit hat Giuliana ein Sonderprogramm für den Sommer: Sie erwandert sich die Umgebung von Florenz.

„Was hältst du davon, wenn ich dich heute mitnehme?", fragt sie nach unserem Frühsport und lässt sich ins Gras fallen. „Ich kenne ganz in der Nähe die tollsten Ecken!"

Gespannt, wohin die Reise geht, besteige ich mit Giuliana den nächsten Bus nach Fiesole. Der Fahrer scheint uns mit dem maximalen Fahrtwind beschenken zu wollen, denn er prescht mit Vollgas die Serpentinen hinauf. In einer steilen Kurve klingelt plötzlich sein *telefonino*, er greift an die Gürteltasche und beginnt zu telefonieren. Mit einer Hand lenkt er den Bus weiter über die kurvenreiche Straße und verlangsamt seine Geschwindigkeit auf ein Schneckentempo. Vergessen ist die Eile. Zumindest solange er mit seiner Süßen am Telefon flirtet.

Auf der *Piazza Mino* angekommen, fährt ein Mönch auf einem *motorino* im Affenzahn an uns vorüber. Ich sehe gerade noch, wie unter seiner braunen Kutte, die mit einer dicken Kordel um den Bauch gehalten ist, die Birkenstocksandalen hervorlugen.

„Die Franziskaner wohnen oben im Kloster auf dem Berg", sagt Giuliana und zeigt auf einen der beiden Fiesolaner Hügel. „Die Mönche sind fabelhafte Typen und machen eine hervorragende Jugendarbeit!", erklärt sie mir, denn für Giuliana gehört die Kirche ganz selbstverständlich zum Leben.

Was für meine Hamburger Freunde Psychotherapien oder Eheberatung sind, sind für sie die Sitzungen mit ihrem Don Marco, der Gottesdienst, die Beichten, die Kinderarbeit. Für dreißig Prozent der Italiener ist das ähnlich. Jeder dritte geht mehr als einmal die Woche in die Kirche und engagiert sich in der Gemeinde. Offizielle Mitglieder hat die katholische Kirche allerdings noch weit mehr: 90 Prozent aller Italiener. Ohne ihre finanzielle Unterstützung könnte ein kleiner Ort wie Fiesole, mit 14 000 Einwohnern, wohl kaum drei Klöster betreiben und seit 1500 Jahren einen eigenen Bischof halten.

„Willst du in den Dom reinschauen?", biete ich Giuliana an.

„Ach was, alles zu seiner Zeit. Jetzt bring ich dich erst mal an meinen Lieblingsort", antwortet sie blendend gelaunt.

„Lass uns bei Riccardo in der *bar* noch Verpflegung holen", schlage ich vor.

Am Tresen lehnt ein Teenager in einer weiten Rapperhose, Rippunterhemd und einem Motorradhelm in der Hand. Er blättert in der Florentiner Zeitung *La Stampa* und nippt an seinem *caffè*.

Wir bestellen zwei *spremuta* und überfliegen die Überschriften.

„Tiziano Terzani ist tot!", lese ich.

Giuliana schüttelt fassungslos den Kopf: „Männer wie er hatte das Land viel zu wenig."

„Davvero, wirklich!", ruft der Junge, schaut zu uns rüber und beißt in sein Blätterteighörnchen.

„Er war einer der besten Journalisten", sage ich. „Er war mein großes Vorbild. Nicht nur im Job."

Mit Tiziano Terzani verband mich viel mehr: Er, Italiener, hatte eine deutsche Ehefrau; ich, Deutsche, einen italienischen Mann. Er arbeitete für den *Spiegel* in Hamburg, meiner Heimatstadt. Ich lebe in Florenz, wo er 1938 geboren wurde. Er studierte Jura in Pisa, Sinologie in New York und zog 1969 als Journalist nach Singapur. Er liebte Asien. So wie ich.

Terzani reiste nicht als Tourist um die Welt, sondern er lebte in den Ländern, um sie zu verstehen. Genau das versuche ich in Italien. Er arbeitete als Korrespondent in Peking, Tokio, Hongkong, Bangkok und Neu-Delhi. Er sah Revolutionen und Kriege. Aber das machte ihn nicht zu einem abgestumpften Hetzer, sondern zu einem Sinnsucher und Friedensstifter. Er sagte einmal: „Die einzige Möglichkeit, dass wir alle miteinander verknüpft auf dieser kleinen Erde leben können, ist, den anderen so zu akzeptieren, wie er ist, und den Dialog mit ihm zu beginnen."

Ohne seine „Briefe gegen den Krieg" wären in Rom nie drei Millionen Menschen gegen den Irakkrieg auf die Straße gegangen. Sterbenskrank und bereits vom Krebs gezeichnet hatte Terzani sich damals, als der Afghanistankrieg begann, auf den Weg nach Pakistan gemacht, um dort die Stimme des Volkes einzufangen. Er wollte uns diese Menschen, ihre Gedanken und Sehnsüchte näher bringen. All das machte ihn zu einem der ehrlichsten und glaubwürdigsten Pazifisten Italiens, deshalb erhob ihn die Jugend zur Ikone der Globalisierungsgegner.

Mehr noch: Als stiller Kämpfer und Vollblutjournalist stellte er sich seinem Krebs. Er schrieb über seine Ängste und über die Suche nach der besten Medizin, für die er um den ganzen Erdball reiste. Diese letzte Reise wurde für ihn eine Suche nach dem Sinn des Lebens, und sie bescherte ihm sieben weitere Lebensjahre. Die Ärzte hatten ihm bei der Diagnose ein Jahr gegeben.

„Hast du das Buch über seine Krankheit gelesen?", frage ich.

„‚Die letzte Runde im Karussell'? Klar!", meint Giuliana.

„Geniale!", ruft der Junge im Rippshirt uns zu. Er stellt seine leere Tasse auf den Tresen, schiebt Riccardo ein paar Münzen rüber und dreht sich noch mal zu uns um: *„Ciao a tutti.* Vielleicht sehen wir uns bei Terzanis Trauerfeier im Rathaus."

Wir nutzen die Aufbruchstimmung, kaufen zwei Flaschen Wasser und machen uns auf den Weg. Giuliana führt mich raus aus Fiesole, an Gärten und Pinienschonungen vorbei zum *Castel di Poggio*, und weiter auf einen Schotterweg. Durch einen dschungelartigen Wald gelangen wir auf einen Olivenhain, passieren ein paar Blechhütten, die früher den Bauern als Unterschlupf bei schlechtem Wetter dienten und heute von ihren Familien als Wochenenddomizil genutzt werden, und wandern tiefer ins Dickicht hinein. Der Weg verjüngt sich zu einem Trampelpfad, das Grün über unseren Köpfen wird höher, die Luft kühler. Es riecht moderig. Ein Rauschen in der Ferne. Ein Gebirgsbach gurgelt die Felsen hinab.

„Der *Sambre*", stellt mir Giuliana das Flüsslein vor. Sein Wasser fängt sich in brusttiefen Pools, groß wie Badewannen. Darüber ein grünes Blätterdach. Weit und breit kein Mensch. Wie könnte ich da widerstehen? Ich schlüpfe aus meinem Kleid. Meine Freundin schaut mich irritiert an. Ich höre noch Giulios Worte und muss lächeln: Es sei keine gute Idee, wenn Frauen allein im Wald umherspazierten.

Seit ich mich über solche italienischen Verhaltensregeln hinwegsetze, und lebe, wie es mir gefällt, fühle ich mich erst richtig zu Hause in Italien. Wozu sollte ich meine deutschen Wurzeln verleugnen? Warum in diesem Land nicht so sein, wie ich bin?

Giuliana zögert einen Moment, dann folgt sie mir unsicher in die Naturwanne. Bei der Eiswürfeltemperatur bleibt uns fast die Luft weg, aber wenigstens kühlt endlich jede Zelle des Körpers ab und nicht nur die Oberfläche. Erst als uns Gänsehaut überzieht, klettern wir auf die Felsen und lassen uns in der Luft trocknen.

Schmetterlinge tanzen über dem Bach, an halbschattigen Plätzen kauern die letzten wilden Orchideen, und Eidechsen sonnen sich neben uns auf den Steinen. Wunderbar, dass es eine halbe Stunde von Florenz entfernt eine Idylle gibt, zu der kein Tourist vordringt und scheinbar auch kaum ein Florentiner.

Das erinnert mich an all die Orte, die ich in Italien noch erkunden will: die Insel, auf der wie zu alten Zeiten Esel die Lasten tragen und kein Strom aus der Steckdose kommt, das zerfallene Kloster im Appenin, das ein Mönch seit zwanzig

Jahren allein Stein für Stein wieder aufbaut, die Maremma in Mittelitalien mit ihren Cowboys und Wildpferden. Was gäbe ich drum, wilde Wölfe, Braunbären und Wasserschildkröten zu beobachten, die Archäologie unter Wasser zu entdecken und einen menschenleeren Strand für Giulio und mich!

Noch tagelang denke ich an unser Eisbad im Fluss zurück, denn das Thermometer will nicht aufhören zu steigen. Nicht mal bei 40 Grad hat es seinen Höchststand erreicht. Um nachts schlafen zu können, genügt es nicht mehr, ohne Decke auf der Matratze zu liegen. Ich bedecke meinen Körper mit kalten, feuchten Tüchern.

Tagsüber flüchte ich in Bibliotheken, ins Kaufhaus *Upim* oder in den Buchladen *Edison*, überall dorthin, wo eine kräftige Klimaanlage surrt. Zuhause schließe ich die grünen Fensterläden und öffne dahinter Fenster und Türen, auch die zum Hausflur, um gemeinsam mit den Nachbarn einen Generaldurchzug zu erzeugen. Unterm Schreibtisch platziere ich einen Eimer mit Eiswürfeln, in die ich im Minutenabstand meine Füße stecke. Aber weder Körper noch Hirn reagieren auf diese Maßnahmen, sie treten einfach in den Hitzestreik, und meine grauen Zellen wiederholen nur noch einen Gedanken: „*Ci penso domani*, das mach' ich morgen."

Selbst der Marsch ans Flüsschen würde jetzt einem Selbstmordversuch gleichen, und mit dem *motorino* ist dorthin kein Durchkommen, wohl aber ins Schwimmbad. Das kostet zwar 6,50 Euro und damit so viel wie ein Museumsbesuch, aber das Schwimmen ist die einzige Bewegung, die mein Körper noch zulässt. Und da die Florentiner weiterhin am Meer oder in den Bergen weilen, habe ich das Bad *Bellariva* fast für mich allein. Im Schatten einer Pinie breite ich ein Handtuch auf der Parkbank aus, drehe meine Runden im Pool und zwischendurch gelingt es mir, ein paar Zeilen für ein Exposé zu schreiben, auf das eine Hamburger Redaktion wartet.

Mein *telefonino* klingelt.

„*Ciao*, ich bin's, Riccardo. Ich habe eine Traumwohnung für dich: in Fiesole, drei Zimmer, sonnig, ruhig. Willst du sie sehen?"

Klar will ich! Ich sage Giulio Bescheid und mache mich auf den Weg auf *meinen* Hügel. Oben angekommen, trauen wir unseren Augen nicht: Der *palazzo* hat Fenster zu allen Seiten. Die 75 Quadratmeter Wohnung sind lichtdurchflutet. Vom Balkon blicken wir auf das römische Amphitheater und weiter über ein grünes Tal. Hier und da, genau, wo es dem Auge schmeichelt, thront eine kleine, terracottafarbene Ansiedlung. Ein laues Lüftchen haucht von Norden durch die Fenster und macht die Hitze erträglich.

Für die kühlen Wintertage tragen sie Thermoscheiben, und die Heizung ist ans günstigere Gasnetz der Stadt angeschlossen. Das Bad ist neu gefliest, die Wände frisch gestrichen, die Küche mit Waschmaschine und Geschirrspüler ausgestattet. Das moderne Doppelbett, das schicke weiße Sofa und ein paar antike Holzmöbel sind sparsam aufgestellt. Eine Atmosphäre wie in einem Urlaubsapartment am Meer, mit einem Standard, den ich nur aus Deutschland kenne und den Giulio in Florenz noch nie gesehen hat. Ein Zuhause, wie ich es mir erträumt hatte.

Sollte das ein Zeichen sein? Dass ich nun endlich aufgenommen bin?! Oder nur eine Bestätigung, dass Riccardo tatsächlich der beste Barmann der Stadt ist? Seine *bar* liegt nur wenige Schritte vom Haus entfernt, daneben ein Supermarkt, die Post, die Bank, kleine Geschäfte und meine Lieblingsbibliothek. Zwei Parks und ein Naturschutzgebiet zu Fuß erreichbar, alles wie für mich gemacht! Wo ist der Haken?

Die Vermieterin *Fiorella* (Blümchen) lacht laut und herzlich: „Ich kenne keinen. Ich suche bloß einen netten Mieter." Und weil sie meint, das wären wir, gibt sie uns sogar einen *sconto* von 150 Euro: Für 950 Euro können wir die Wohnung ab September haben.

Ich falle Giulio um den Hals. Hand in Hand laufen wir zum *motorino*. Rasant nimmt mein Liebster die Kurve von der *Piazza Mino* hinab ins Tal. Die Sonne sinkt gerade hinter den Horizont und taucht die Villen am Hang in ein Rosarot. Die Zypressen und Olivenbäume tanzen Schattenspiele am Straßenrand. Im Tal funkelt das Terracottameer von Florenz, als stehe es in Flammen.

Ich schlinge meine Arme um Giulio, drücke ihn und singe in den Fahrtwind hinein. Eine Böe haucht unter meinen Rock, lässt ihn tanzen und streichelt meine Haut. Und plötzlich ist es wieder da: dieses Gefühl von Freiheit und Leichtigkeit.